Cuando la gestión no es suficiente

Porque gestionar sistemas no basta; hay que transformar y desarrollar cultura

Alberto Ibañez Neri

CADUCEUS

CUANDO LA GESTIÓN NO ES SUFICIENTE
Porque gestionar sistemas no basta; hay que transformar y desarrollar cultura

Editado por: Corporación Ígneo, S.A.C.
para su sello editorial Caduceus
José Olaya 169, Ofic. 504, Miraflores. Lima, Perú
Primera edición, enero, 2026

ISBN: 978-956-424-080-0

Se terminó de imprimir en enero de 2026 en:
ENOTRIA S.A.
Av. Nicolás Ayllón 2890. Ate, Lima – Perú

www.grupoigneo.com
Correo electrónico: contacto@grupoigneo.com | Teléfono: +51 955 071 270
Facebook: Grupo Ígneo | X: @editorialigneo | Instagram: @grupoigneo

Contenido

Prefacio

Conocí el mundo de la gestión en un momento de mi vida en que más lo necesitaba. La gestión me rescató de la frustración y me condujo a la acción. Aprendí que estructurar procesos, establecer objetivos y medir resultados no solo era útil para una organización, sino también para ordenar la vida misma. La gestión me ofreció un camino: me enseñó que todo puede mejorar si se define, se mide y se actúa con disciplina.

Sin embargo, con el paso del tiempo comprendí que no fue únicamente la gestión lo que me trajo hasta aquí. Hubo algo más profundo, algo que no se enseña en los manuales ni se certifica en auditorías: un impulso interno, una fuerza que nace del propósito y que empuja a crecer, a superar barreras y a buscar sentido en lo que hacemos. Ese impulso es el que transforma la gestión —tan necesaria como imperfecta— en algo vivo, humano y trascendente.

Este libro nace de esa convicción: **la gestión es una herramienta poderosa, pero no suficiente**. Puede organizar, medir y controlar, pero solo el liderazgo, los valores y la cultura son capaces de inspirar, movilizar y transformar. Los procesos sin personas comprometidas se enfrían; los sistemas sin propósito se vacían; los indicadores sin alma se vuelven números sin historia.

Por eso, *Cuando la gestión no es suficiente* no busca entregar recetas ni fórmulas infalibles. Su propósito es provocar reflexión, cuestionar lo establecido y ofrecer una mirada más amplia de la gestión: una que reconozca su valor técnico, pero también sus límites humanos.

A través de sus páginas comparto aprendizajes nacidos de la experiencia —propia y ajena—, apoyados en las ideas de grandes pensadores de la gestión y el liderazgo. Cada capítulo es una invitación a mirar más allá de los procedimientos, a reencontrar el sentido detrás de cada meta y a reconocer que, al final, la verdadera eficacia no proviene de lo que controlamos, sino de lo que inspiramos.

Si este libro te aporta algo útil, habré cumplido mi propósito. Y si no lo hace, ojalá al menos te impulse a reafirmar tus propias convicciones sobre lo que significa liderar, servir y construir organizaciones donde la gestión no solo dirija y controle, sino también **motive, conecte y transforme**.

Alberto

Agradezco a quienes creyeron en mí cuando más lo necesitaba, y también a quienes no lo hicieron, porque —sin saberlo— me desafiaron a crecer. Por eso, cuando alguien te diga «no» o te cierre una puerta, entiende que ese rechazo puede llevarte a la frustración, pero también puede convertirse en el motor para pasar a la acción. La elección es siempre tuya.

Como dice John Maxwell: «El liderazgo no se trata de títulos, posiciones o diagramas de flujo. Se trata de una vida que influye en otra». Esa influencia comienza con nuestra capacidad de gestionarnos a nosotros mismos y con el impulso que nos mueve a ir más allá.

En sus marcas... ¡**Listo**! **A leer**, porque leer alimenta tu mente y tu alma; y lo que no se alimenta, inevitablemente muere.

Alberto

Introducción

Si usted trabaja en alguna organización, ya sea pública o privada, habrá escuchado hablar de gestión. Incluso, coloquialmente hablamos de gestión cuando hacemos un trámite en alguna institución o cuando tenemos algo que hacer en función de algún resultado. En estos tiempos las empresas se deberían gestionar, y esa es una labor humana. La gestión solo existe en el ámbito de organizaciones humanas y es una de las actividades que realizan quienes están al mando de una organización o de personas que persiguen algún propósito.

Considerando el concepto de gestión, se han realizado muchas actividades, desde el diseño de métodos hasta la elaboración de estándares que se aplican para estandarizar la gestión con la finalidad de ser eficaces.

La eficacia ha sido siempre un desafío en el ser humano. Esto se trata de lograr los resultados planeados. Para ser eficaces se tiene que ser intencional, lo que implica convertir en resultados los recursos de que se dispone, y para ello se usa la gestión, que es una de las actividades que realiza la gerencia como órgano directivo en la organización.

La gerencia busca la realización económica en una organización con fines de lucro y, en una sin fines de lucro, busca lograr resultados definidos para sus partes interesadas. En ambos casos transforma los recursos en resultados a través de la gestión.

Las organizaciones incorporan modelos —que describen los elementos que debe tener la organización mediante requisitos que deben cumplir si deciden incorporarlos en su estructura— de sistemas de gestión para el logro de dicha eficacia. Estos sistemas se harán cargo de la transformación de los recursos en resultados. La definición aceptada de gestión es «actividades coordinadas para dirigir y controlar una organización». Entonces, el elemento central de la gestión son las actividades. Si ampliamos el concepto, y considerando que las actividades estarán organizadas en unidades funcionales que se denominan procesos, son estos donde ocurre la transformación de los recursos. El elemento base en donde se hará gestión, considerando lo anterior, será en los procesos, como la unidad básica en donde se usan los recursos, donde las personas realizan sus actividades y donde se logran los resultados.

La definición de gestión manifiesta actividades que se hacen para **dirigir y controlar una organización**. Esto implica que la gestión solo existe en el ámbito de las organizaciones; no se puede aplicar gestión a elementos donde no hay interacción humana. La gestión es una creación humana que ayuda a lograr resultados.

Otro elemento importante en la definición de gestión es que se aplican las actividades para **dirigir una organización**. Es en este ámbito que la gestión se alinea con las estrategias o acciones de eficacia operativa que se plantean las organizaciones, ya que, para dirigir, lo primero que se debería saber es qué se quiere lograr, y esto se plantea en los planes de acción que se establecen en el más alto nivel de las organizaciones.

Hasta acá hemos mencionado que las empresas gestionan las actividades que transforman en resultados. Para que los resultados sean logrados, las organizaciones suelen manejar ámbitos de propósito, los cuales pueden ser calidad, inocuidad (en el ámbito de alimentos), seguridad laboral, medio ambiente y otros que sean de interés para la gerencia. Considerando estos ámbitos, las organizaciones suelen establecer sistemas para que se gestionen. Así, la gestión de las organizaciones se hace a través de sistemas interconectados, formando un todo sistémico.

Es necesario establecer el ámbito de gestión para que el sistema de gestión se oriente a resultados alineados al marco estratégico. Considerando lo anterior, una organización tendrá varios sistemas de gestión según los ámbitos de gestión que le apliquen; por ejemplo: sistema de gestión de la calidad, sistema de gestión de la inocuidad (para una empresa que opera en la cadena alimentaria), sistema de gestión ambiental, entre otros.

Todo sistema de gestión debería tener **resultados**; este es el propósito de la gestión. Estos resultados se **obtienen desde los procesos**; a la vez, los procesos están alineados a los objetivos, ya que, según la definición de sistema de gestión, se establecen procesos para el logro de los objetivos.

La gestión implica mantener estabilidad

La **gestión** implica más que solo planificar o controlar: es el arte de **dirigir, coordinar y mantener la estabilidad organizacional**, asegurando que las actividades ocurran de manera consistente y eficaz. Anteriormente hemos definido la gestión como el conjunto de **actividades coordinadas para dirigir y controlar una organización**, pero, en términos prácticos, esto se traduce en **hacer que las cosas sucedan de forma estable y predecible**.

Para lograrlo, se requiere aplicar pasos secuenciales dentro de un método estructurado, es decir, operar con disciplina, consistencia y foco en los resultados.

¿Qué significa gestionar con estabilidad?

Gestionar implica mantener las operaciones en un nivel razonable de estabilidad,[1] permitiendo alcanzar los objetivos de producción y desempeño. Pero, además, la gestión moderna debe incluir la capacidad de adaptación rápida ante fuerzas disruptivas, tanto internas como externas.

---

1 Schein, E. H. (2019). *The corporate culture survival guide* (3rd ed.). Editorial Wiley.

La gestión implica definir los procesos, estandarizar los métodos, traspasar los métodos para que se apliquen, revisar los resultados y hacer las correcciones necesarias para lograr ser eficaces mediante la estabilidad del proceso.

Para mantener la estabilidad de las operaciones se suelen definir elementos como:

- Definición de políticas y objetivos.
- Establecimiento de estrategias y acciones concretas alineadas con los objetivos.
- Asignación clara de recursos, roles y responsabilidades.
- Desarrollo y aplicación de procedimientos estandarizados.
- Determinación de qué se debe medir, monitorear y evaluar.
- Gestión de la información del cliente, incluyendo quejas y reclamos.
- Resolución efectiva de desviaciones en los resultados.
- Capacitación continua del personal.
- Supervisión cotidiana de los procesos clave.
- Identificación y control de riesgos operacionales.
- Mantenimiento preventivo de equipos e instalaciones.
- Comparación entre resultados reales y metas planificadas.
- Evaluación de la eficiencia y efectividad de los procesos.
- Detección de áreas de mejora y oportunidades de innovación.
- Recopilación de retroalimentación interna.
- Estandarización de procesos exitosos.
- Ajuste o rediseño de estrategias cuando los resultados no sean satisfactorios.
- Cierre del ciclo de gestión con nuevas acciones basadas en lecciones aprendidas.
- Fomento de una cultura de mejora continua.

Para cumplir eficazmente con las actividades de gestión mencionadas anteriormente, las empresas suelen aplicar normas de gestión que se basan en el ciclo PDCA (*Plan, Do, Check, Act*).

Cómo el PDCA administra la empresa

El ciclo PDCA no se limita a la resolución de problemas puntuales, sino que es una metodología para gestionar y mejorar todos los aspectos de la empresa de manera continua. Permite una administración basada en datos, que asegura que los procesos se evalúan y optimizan constantemente. Al repetir el ciclo, las organizaciones pueden adaptarse rápidamente a los cambios en el mercado, mejorar la calidad de sus productos o servicios y asegurar una mayor eficiencia operativa.

Este enfoque fomenta una cultura organizacional donde la planificación, la ejecución controlada, la evaluación y la mejora continua se integran en todos los niveles, desde la alta dirección hasta las operaciones diarias, garantizando que la empresa avance de forma estructurada y coherente hacia sus objetivos a largo plazo.

¿Por qué ya no es suficiente la gestión tradicional?

Como menciona Edgar Schein, la gestión implica mantener estable la operación para lograr los resultados planificados previamente. Esto siempre se trata del proceso, aspecto que es el centro de la administración o gestión moderna. Hoy en día ya no es suficiente la gestión; se debe complementar con otros enfoques para que las organizaciones sean eficaces en el logro de sus resultados centrados en las personas, para hacer frente a los cambios cada vez más desafiantes.

Tomando como base el ciclo de gestión PDCA, se han definido estándares o normas de gestión que describen los elementos que debe disponer una gestión estandarizada. Estos elementos son descritos en requisitos que debe cumplir una organización que decide incorporar el estándar. Ejemplo de normas de gestión son las normas ISO, que se aplican de forma transversal, y las normas reconocidas por la Iniciativa Mundial de Inocuidad Alimentaria (GFSI, por sus siglas en inglés), que se aplican en la cadena alimentaria.

Estas normas han ido mejorando su enfoque, agregando elementos que van más allá del ciclo de mejora; incorporan elementos que debe disponer la dirección y que demuestren su compromiso con la gestión estandarizada. Las normas ISO incorporan requisitos para el liderazgo. Las normas reconocidas por la GFSI incorporan requisitos que son de responsabilidad de la gerencia. Algunos de los elementos que incorporan las normas y que van más allá del ciclo de la gestión son la necesidad de disponer de una política que describa los valores y principios bajo los cuales se dirigirá la organización según el estándar elegido. Otras normas solicitan que la dirección de una compañía desarrolle liderazgos dentro de la organización.

Estos elementos van más allá de la gestión tradicional, ya que, en este mundo moderno, no es suficiente la gestión para hacer frente a los desafíos. La gestión sigue siendo una práctica clave que ha ayudado a lograr grandes avances para la humanidad y seguirá siendo la base para lograr resultados en las empresas.

Por otro lado, el ciclo PDCA se ha usado para definir metodologías específicas para mejorar procesos. Por ejemplo, el enfoque *Six Sigma* usa el método DMAIC (Definir, medir, analizar, mejorar y controlar), que se basó en el ciclo PDCA para estructurar una metodología específica. Sin embargo, a pesar de que el propósito del método es mejorar los procesos para lograr mejores resultados, ser eficaces y, en algunos casos, eficientes, suelen fracasar en el mediano y largo plazo.

Cuando nos preguntamos «¿Por qué?», las causas se ubican en aspectos que no se consideraron para que el método funcionara: aspectos intangibles, aspectos que no son fáciles de describir.

Cuando digo que la gestión no es suficiente, no significa que debemos dejar de aplicarla; lo que implica es dotarla de otros elementos, como una cultura orientada a valores que impulse a las personas a desarrollarse y contribuir al propósito de la empresa. Para que esta cultura sea creada, es necesario liderazgo enfocado en desarrollar a las personas y en crear una cultura centrada en valores nobles que contribuyan a los propósitos de las personas.

Los elementos que acabo de mencionar son aspectos que van más allá de la gestión, temas que iremos desarrollando en las secciones de este libro.

Las 5 creencias limitantes acerca de la gestión

En el mundo organizacional es común escuchar a gerentes y jefes afirmar que «hacen gestión». Sin embargo, muchas veces esta afirmación se sustenta en creencias equivocadas que terminan debilitando la efectividad de los sistemas. Estas ideas, repetidas en el lenguaje cotidiano y reflejadas en la práctica diaria, generan una falsa sensación de control y resultados.

Durante las últimas décadas se han invertido grandes esfuerzos en estandarizar procesos, aplicar modelos de gestión y capacitar al personal en metodologías reconocidas. Aun así, persisten ciertas creencias que desvirtúan la esencia de la gestión y llevan a no valorar plenamente los sistemas estandarizados, reduciendo su potencial de impacto.

Estas creencias limitantes, que se transmiten como verdades aceptadas, terminan transformándose en mitos de la gestión. Reconocerlos es el primer paso para desmontarlos y construir una práctica más consciente, efectiva y orientada a resultados sostenibles.

En las siguientes páginas exploraremos cinco de estas creencias, que con frecuencia se convierten en obstáculos invisibles para líderes y organizaciones:

1. Creer que el sistema de gestión funciona sin pagar el precio.
2. Creer que al desarrollar un sistema de gestión se obtendrán resultados automáticos.
3. Creer que el sistema de gestión funciona solo.

4. Creer que basta con hacerlo funcionar una vez.
5. Creer que certificar el sistema es la meta.

Las cinco creencias limitantes presentadas muestran que la gestión no se trata simplemente de normas, certificados o estructuras formales. Un sistema de gestión puede estar perfectamente diseñado, documentado y hasta certificado, pero seguirá siendo ineficaz si quienes lo operan no le dan vida a través de su compromiso y disciplina diaria.

La verdadera gestión ocurre en las personas: en cómo se comunican, en cómo cumplen y mejoran los procesos, en la voluntad de reconocer desviaciones y aprender de ellas. Es allí donde se construye una cultura que trasciende la auditoría o el certificado y se convierte en un motor de resultados sostenibles.

Desmontar los mitos no es suficiente; se requiere reemplazarlos por una nueva mentalidad: **la gestión es un ejercicio continuo de responsabilidad compartida, impulsado por personas que deciden hacer funcionar el sistema cada día**.

Creencia 1: Creer que el sistema de gestión funciona sin pagar el precio

Hemos dicho que un propósito de la gestión es ser eficaces y que las organizaciones desarrollan sistemas de gestión por defecto o por diseño. Para que el sistema se genere por diseño, muchas organizaciones incorporan modelos de gestión que se basan en normas; por ejemplo, las normas ISO y las normas reconocidas por la GFSI (en la cadena alimentaria). Estas normas, al ser implementadas, logran estandarizar los procesos. Muchas empresas, incluso, certifican sus sistemas. Al estar certificados, llegan a creer que eso es suficiente y no dedican esfuerzo para que el estándar definido se mantenga y mejore; es decir, no pagan el precio, considerando el tiempo a dedicar, las competencias a desarrollar y los recursos a proveer para que la gestión sea eficaz.

Este mito o creencia se crea porque los ejecutivos de las compañías ponen como meta tener un sistema de gestión certificado, y una vez logrado, creen que es suficiente para que el producto o servicio cumpla con los requisitos. Incluso llevan esta creencia más allá, al prepararse días previos para atender la auditoría cuando los sistemas se certifican por entidades de certificación, llegando a mencionar que van a «defender la auditoría» (como si el auditor los atacara). Algunas organizaciones establecen premios por lograr mantener la certificación o por no tener desviaciones en las auditorías. Esta forma de considerar la gestión lleva a las organizaciones solo a poner foco en la instancia de la certificación, haciendo que el sistema de gestión sirva únicamente porque un cliente alguna vez pidió que se contara con la certificación como condición de compra.

En las organizaciones, un sistema no es algo automático; este se basa en procesos, y la energía que hace que funcione está en las personas.

Creencia 2: Creer que solo por desarrollar un sistema de gestión se obtendrán resultados es un error

Un sistema de gestión es un conjunto de elementos diseñados para alcanzar objetivos; sin embargo, pensar que por el simple hecho de implementarlo los resultados llegarán automáticamente es equivocado.

Para que un sistema de gestión genere resultados, es necesario que sus partes funcionen de manera coordinada, y esa coordinación depende de las personas. La estandarización de procesos ayuda a mantener el orden, pero este orden puede deteriorarse si no se dedica energía constante a sostener comportamientos adecuados en la operación.

Los resultados se logran cuando los elementos del sistema interactúan correctamente y cuando las personas que ejecutan los procesos deciden hacerlo funcionar. Podemos tener procedimientos y recursos, pero son las personas quienes determinan, con su voluntad y compromiso, si el sistema realmente opera.

Por ello, **diseñar un sistema no basta: es imprescindible enfocarse en las personas que lo hacen funcionar**. Solo así el sistema de gestión podrá cumplir su propósito y generar los resultados esperados.

Creencia 3: Creer que un sistema de gestión funciona por sí solo es un error

Un sistema de gestión no es un mecanismo automático: requiere la energía, el compromiso y el esfuerzo de las personas para operar y alcanzar los resultados.

La «energía» que lo mueve se expresa en las actividades, la coordinación y la comunicación que realizan quienes participan en los procesos. Cuando el sistema da resultados, puede parecer que se trata de un mecanismo automático; sin embargo, basta con que cambien las personas para que el desempeño también cambie. Esto demuestra que la verdadera fuente de energía de un sistema de gestión son las personas.

Este mito se relaciona con la creencia de que, una vez estructurado, el sistema seguirá funcionando como si fuera un mecanismo perpetuo que se alimenta solo. La realidad es que el sistema necesita retroalimentación constante, y esta proviene de la **voluntad y la acción de las personas** que ejecutan los procesos.

Creencia 4: Creer que basta con hacer funcionar el sistema de gestión una sola vez es un error

Muchas empresas implementan sistemas de gestión basados en normas, comienzan con entusiasmo la construcción y estandarización de procesos, logran ponerlos en marcha, pero luego ese entusiasmo se diluye y los procedimientos dejan de aplicarse, volviendo a prácticas anteriores.

Para que un sistema de gestión entregue resultados sostenibles, debe funcionar de manera continua, no solo en el arranque. Su eficacia depende del enfoque y la disciplina de las personas que ejecutan los procesos, ya que son ellas quienes mantienen vivo el sistema.

Esto se observa con frecuencia en organizaciones que concentran sus esfuerzos en **mantener la certificación**, activando todos los elementos del sistema solo en los días previos a la auditoría. Una vez concluida, suelen regresar a prácticas más cómodas, pero menos eficaces.

El verdadero valor de la gestión no está en cumplir solo ante una auditoría, sino en **hacer funcionar el sistema todos los días**, asegurando que los resultados se sostengan en el tiempo.

Creencia 5: Creer que certificar el sistema de gestión es la meta es un error

Las empresas que diseñan sistemas de gestión basados en normas —como ISO o los estándares reconocidos por la GFSI en la cadena alimentaria— suelen buscar su certificación a través de organismos externos. Sin embargo, pensar que obtener el certificado significa «tener un sistema» y que ese es el objetivo final, es una visión limitada.

La certificación es solo un **reconocimiento** de que la organización cumple con los requisitos mínimos del estándar en un momento dado, pero no garantiza que en el siguiente periodo se obtendrán los mismos resultados sin esfuerzo. Certificar un sistema de gestión no es la meta, sino apenas un paso en el camino de la mejora continua.

Hay riesgos de asumir la certificación como meta. Estos son algunos de ellos:

- **Energía concentrada solo en la auditoría**: se dedica un esfuerzo desproporcionado a lograr la certificación, incluso creando áreas especializadas o contratando consultores externos. Si bien estas áreas son necesarias, su función debería ser de apoyo transversal, no la ejecución exclusiva del sistema.
- **Bonos ligados a cero desviaciones**: atar incentivos económicos al resultado de la auditoría puede generar rechazo a reconocer desviaciones, lo que debilita el aprendizaje y la mejora real.
- **Saltarse protocolos**: en la presión por «llegar a la meta», se incumplen procedimientos establecidos, lo que puede derivar en errores que afecten productos, servicios y clientes.
- **Modo complacencia**: una vez obtenida la certificación, se cree que «ya no hay nada más que hacer», olvidando que lo más importante no es el certificado, sino mantener y mejorar las prácticas que lo hicieron posible.

En resumen, la certificación no es el destino final, sino un **hito intermedio**. Lo verdaderamente valioso es que el sistema de gestión funcione día a día, sostenido por las personas y orientado a resultados duraderos.

1
No es suficiente tener metas: lo que haces hoy define los resultados del mañana

Los planes son solo buenas intenciones, a menos que degeneren inmediatamente en trabajo duro.
PETER DRUCKER

En todas las organizaciones —sin importar su tamaño, rubro o nivel de madurez en cuanto a gestión— se declara lo que se quiere lograr: aumentar ventas, mejorar calidad, innovar productos, lograr certificaciones, mejorar la cultura interna, etc. Estos deseos se expresan a través de **objetivos y metas**, ya sea estratégicos, tácticos u operativos. Los objetivos y metas son las intenciones que establecen, en general, quienes dirigen a la organización. Estos objetivos y metas pueden ser de diversa índole, ya sea de nivel superior o a nivel operativo, como los objetivos que se establecen para los procesos.

Sin embargo, **tener objetivos no equivale a lograr resultados**. Muchos planes estratégicos quedan atrapados en presentaciones de PowerPoint o manuales de gestión que nadie consulta. ¿Por qué? Porque no hay un puente claro entre **la intención y la acción**.

De la intención al impacto

Una buena estructura de objetivos y metas ayudará a la empresa a estar enfocada; sin embargo, esto no es suficiente. Si solamente estamos enfocados en los resultados, es como estar siempre mirando si llegamos a nuestro destino sin tener las condiciones para hacerlo (imagina un partido de fútbol en el que los jugadores solo observan el marcador, esperando que aumenten los goles... sin moverse, sin correr, sin jugar. Ridículo, ¿verdad? Pues eso mismo ocurre en muchas organizaciones: se obsesionan con el «*score*» de los indicadores, pero olvidan accionar en la cancha del día a día). Tener claridad en los objetivos y metas es un paso necesario, pero no suficiente. Si el foco permanece únicamente en los resultados, sin traducirse en acciones concretas, el esfuerzo será estéril.

No es suficiente tener objetivos y metas: debemos actuar para lograrlos

En el despliegue de objetivos, se acostumbra a pedir a los ejecutivos que «se comprometan» con los resultados. Pero ese compromiso **no se mide por lo que se declara, sino por lo que se hace**; tal como dice John Maxwell, «la única medida real del compromiso son las acciones».[2]

Los objetivos y metas son solo la intención general; sin embargo, en el día a día se deben realizar acciones y tomar decisiones que impactarán en estos resultados que se quieren alcanzar. Lo que cuenta es lo que se hace en el presente para lograr los resultados y no lo que se hace en el futuro. En este contexto hay

2 Maxwell, J. (2017). *Desarrolle el líder que está en usted*. Editorial San Pablo.

tres frases que el padre de la administración moderna nos dejó, Peter Drucker:

- «Los planes son solo buenas intenciones a menos que degeneren inmediatamente en trabajo duro».
- «La mejor manera de predecir el futuro es creándolo».
- «La planificación a largo plazo no se ocupa de las decisiones futuras, sino del futuro de las decisiones presentes».

¿Qué nos dicen estas ideas?

- Que **sin acción, los objetivos son solo palabras**.
- Que **el futuro deseado se construye con decisiones presentes**.
- Que **el trabajo duro y disciplinado es lo que convierte una intención en un logro**.

El engaño del futuro imaginario

La primera frase se relaciona con el título de esta sección: no es suficiente contar con objetivos y metas; se debe hacer trabajo duro para lograrlos en el día a día. Muchas veces postergamos la acción con frases como «cuando tenga más tiempo», «cuando mejore la situación» o «cuando el equipo esté más alineado». Pero el futuro que esperamos **nunca llegará si no lo construimos desde ahora**.

Si alguien quiere mejorar su estado físico, no lo logrará solo con proponérselo o inscribirse en un gimnasio. Necesita constancia diaria: alimentación, ejercicio, descanso. Lo mismo ocurre en una empresa que quiere «mejorar su cultura organizacional»: no basta con declararlo en la política de calidad. Se necesitan **acciones estructuradas**.

La segunda frase se relaciona con que, si queremos lograr algo en el futuro, lo que cuenta es que lo creemos en el presente. Esto puede resultar contradictorio; sin embargo, el futuro no se crea en el futuro, sino en el día a día del presente. Por ejemplo, a nivel personal, cuando una persona tiene como objetivo mejorar su estado físico, ese estado deseado no lo puede lograr «en el futuro»; depende de lo que haga en el presente, en cada día de ese presente.

El dilema de la gratificación diferida

Otro motivo por el cual no actuamos con constancia es que **no vemos resultados inmediatos**. Esto puede desanimarnos. Las acciones de hoy no se reflejan de inmediato, y eso exige una mentalidad paciente y sistemática.

Pero abandonar porque «no se nota» es como dejar de regar una planta porque aún no florece. Toda transformación —personal u organizacional— requiere tiempo, perseverancia y confianza en el proceso.

Toda acción del presente tendrá consecuencias en el futuro; tendrá impacto en los resultados. Dicho de otro modo, las acciones presentes y las decisiones presentes deberían alinearse a los resultados que quiero en el futuro. No se pueden separar los resultados que queremos en el futuro —«el futuro de las decisiones», como menciona Peter Drucker— de las decisiones que tomamos en el presente. Si estas dos no se sincronizan, las decisiones del presente crearán un futuro que posiblemente no sea el que teníamos la intención de tener. Por ello, no es suficiente tener la intención en los objetivos y metas: debemos tomar decisiones y realizar acciones en el presente que estén alineadas a lograr estos objetivos y metas.

Uno de los factores que impide actuar en el presente para lograr nuestro resultado futuro es que, al actuar todos los días, no vemos el resultado de inmediato. Al no percibir el resultado o avance de este solemos desanimarnos y muchas abandonamos las tareas que llevarán a lograr el resultado.

Las decisiones que se tomen hoy, alineadas a los resultados que se deseen, abarcarán:

1. **Recursos humanos y financieros**: asegurando disponibilidad y asignación clara.
2. **Competencias y conocimientos**: formar y empoderar al equipo.
3. **Sistema de medición y seguimiento diario**: para no perder el rumbo.
4. **Procesos críticos alineados al objetivo**: identificarlos y fortalecerlos.
5. **Elementos estructurales de soporte**: políticas, liderazgo, cultura, herramientas.

Las acciones que se realicen en torno a los cinco ámbitos anteriores marcarán la diferencia en el logro o no de las metas establecidas. Como dice James Clear, olvídate de la meta y céntrate en el sistema.[3] Los cinco ámbitos de acción serán más eficaces si se estructuran en un sistema de gestión orientado a los resultados que se pretende lograr. Por ejemplo, si la empresa está en la cadena alimentaria, uno de los resultados será lograr producir un alimento que sea inocuo (la inocuidad es la garantía de que un alimento no causará daño al consumidor si se consume de acuerdo con el uso previsto). Considerando esto, la empresa deberá diseñar un sistema de gestión orientado a ese objetivo, que debe ser logrado sistemáticamente.

Las metas necesitan un sistema de soporte. Un objetivo sin sistema es solo una esperanza. Un sistema sin dirección puede

---

3 Clear, J. (2018). *Hábitos Atómicos*. Editorial Planeta.

ser eficiente, pero irrelevante. La clave está en **alinear metas, sistemas y acciones**.

> *Tener metas es importante, pero* ***solo el trabajo presente transforma la intención en realidad****. Declarar que queremos algo no cambia nada. Actuar cada día con dirección, disciplina y enfoque lo cambia todo.*

2
No es suficiente medir los resultados: debemos medir los factores que generan los resultados

Lo que no se define, no se puede medir.
Lo que no se mide, no se puede mejorar.
Lo que no se mejora, se degrada siempre.
WILLIAM THOMSON KELVIN (LORD KELVIN)

Esta frase, atribuida al físico y matemático británico Lord Kelvin, se ha convertido en un auténtico **mantra de la gestión moderna**. Resume con precisión la esencia de la mejora continua: la necesidad de **definir, medir y actuar**. En gestión —ya sea de calidad o de inocuidad—, medir es traducir la realidad en información objetiva que permite decidir, aprender y evolucionar. Sin medición no hay control; sin control no hay mejora; y sin mejora, todo sistema tiende al deterioro.

Por eso, esta cita trasciende el tiempo y las disciplinas: recuerda que la excelencia solo es posible cuando lo intangible se hace visible y gestionable a través de indicadores, métricas y aprendizajes que impulsan la mejora constante.

Una pregunta que debemos responder es: ¿qué debemos medir? ¿Los resultados, los factores de los procesos? Dicho de otra forma: ¿debemos medir el destino o el camino?

El error de medir solo el destino y no el camino

He encontrado muchas explicaciones de la frase de *Lord Kelvin,* ya sea de forma parcial o completa. Muchos asumen que se debe medir los resultados que queremos alcanzar e ir buscando los factores para mejorar; otros dicen que debemos definir qué se medirá en diversos niveles relacionados con el resultado y representado en diversos factores que contribuyen al resultado final.

Si consideramos, por ejemplo, que se tiene como objetivo aumentar la productividad o mejorar el nivel de cultura enfocada hacia la inocuidad en la organización (aplicable a la cadena alimentaria), aplicar la frase «Lo que no se mide, no se puede mejorar» implicaría medir la productividad o la cultura —ambos aspectos se pueden medir o estimar— y, con el resultado de la medición, deberíamos mejorar sin hacer más. Con este enfoque es poco probable que los resultados se muevan del marcador. El problema surge cuando esta frase se interpreta de forma superficial. Muchas organizaciones se concentran únicamente en medir el resultado final, como si observar el marcador en un partido de fútbol fuera suficiente para ganar. Medir solo los resultados no cambia el resultado. Lo que realmente impulsa la mejora es medir, gestionar y optimizar los factores que generan esos resultados.

> *El marcador refleja la historia, pero no la construye.*

La sabiduría tradicional afirma que la mejor manera de alcanzar resultados —ya sea a nivel personal o empresarial— consiste en fijarse metas grandes, desafiantes y viables, y trabajar por lograrlas. Sin embargo, este enfoque no siempre es adecuado para alcanzar la meta que nos fijemos. No quiero decir que no fijemos metas altas; lo que debemos hacer es cambiar el enfoque para lograrlas. Tal como lo dice James Clear en su libro *Hábitos atómicos*, olvídate de las metas y mejor enfócate en los sistemas.[4]

Del resultado al origen: la secuencia de la mejora

Si bien el primer paso para lograr resultados es definir objetivos y metas, por sí solos no se alcanzarán. Para lograr las metas debemos enfocarnos en crear un sistema en el que identifiquemos los factores que hacen que se logren; estos factores deberían medirse y mejorarse, en alineación con el resultado que queremos alcanzar.

El primer paso para alcanzar el resultado que queremos es, obviamente, definirlo y fijar una forma de hacer seguimiento en diversos periodos. El segundo paso debería ser identificar los factores que hacen que los resultados se logren e insertarlos en los procesos del sistema de la organización. Al determinar los factores, estos serán los pasos a seguir para alcanzar los resultados; habrá que medirlos y mejorarlos para que entreguen el mejor desempeño, alineado al resultado superior.

Una secuencia de pasos para lograr los resultados será la siguiente:

- Definir el resultado deseado y cómo se medirá.
- Identificar los factores que lo generan.
- Integrar esos factores en los procesos.
- Medir, estandarizar y mejorar cada factor.
- Evaluar el impacto en el resultado global.

Por ejemplo, si pretendemos mejorar la productividad en una meta determinada, deberíamos definir cuáles son los factores que nos llevarán a aumentarla, que pueden incluir:

4 Clear, J. (2018). *Hábitos Atómicos*. Editorial Planeta.

- La calidad de las materias primas,
- el tipo de envase,
- la velocidad de la máquina,
- la variación de la energía,
- la rotación del personal,
- el estilo de liderazgo del jefe de área.

Cada uno de los factores deberá ser medido, estandarizado, mejorado, puesto en marcha con la nueva mejora y vuelto a medir para saber si se mejoró. Una vez que hayamos hecho eso, considerando varios factores, debemos medir el resultado que queremos para saber si hemos logrado impacto. Solo de esta manera podemos hacer cierta la frase «Lo que se mide, se puede mejorar».

El factor humano: la variable más decisiva

No se pueden mejorar los factores que contribuyen a los objetivos del negocio sin considerar la participación de las personas. Las personas son las que desarrollan las actividades en el proceso y quienes influyen con sus decisiones en las variables del proceso que logran el resultado final. Por ejemplo, las personas deciden si se aplican o no los métodos, si usan o no de forma adecuada las máquinas o si protegen los materiales que se transforman, entre otros factores. El factor clave y diferenciador para lograr los resultados son las personas; la voluntad que tengan de realizar las tareas orientadas a los resultados deberá ser ganada por los líderes de la organización.

> *Ningún factor técnico funciona sin el compromiso de las personas.*

Un enfoque probado

Un enfoque para orientarse a los factores clave de los procesos, a fin de contribuir a los resultados finales, es la administración basada en objetivos (ABO), también conocida como gestión por objetivos (*Management by Objectives*, MBO), desarrollada y popularizada por Peter Drucker en su obra *The Practice of Management* (1954). Este método se centra en alinear los objetivos individuales de los empleados con los objetivos generales de la organización, midiendo tanto los resultados como los factores que los impulsan. Esto fomenta:

- Claridad en lo que se busca.
- Participación activa.
- Evaluación objetiva.
- Cultura de mejora continua.

La clave no es solo medir los resultados, sino medir y mejorar los factores que los hacen posibles. Los resultados sostenibles nacen de procesos optimizados y de personas comprometidas, trabajando de forma alineada y consciente.

> *El resultado es el reflejo de lo que sucede en el proceso, y el proceso es el reflejo de cómo actuamos cada día.*

3
No es suficiente tener personal que haga tareas: debe crearse una comunidad

No basta con contratar personas que hagan tareas.
El liderazgo verdadero consiste en construir comunidades
que compartan valores, creencias y propósito.
ALBERTO IBAÑEZ NERI

Peter Drucker, el padre de la administración moderna, explica que «al ser la empresa una comunidad de seres humanos... una comunidad humana debe basarse en creencias comunes y debe tener principios comunes que simbolicen su cohesión».[5]

Esto significa que no es suficiente contratar personas y esforzarnos porque hagan las tareas para obtener los resultados. Para tener una organización sólida, se debería crear una comunidad basada en creencias y principios comunes. Esta idea coincide con la definición de cultura organizacional de **Edgar Schein**, quien la describe como «el conjunto de supuestos y creencias aprendidas sobre los cuales las personas basan sus conductas diarias».[6]

Es importante destacar que en esta definición se incluyen los elementos «supuestos» y «creencias» como factores condicionantes que, una vez aprendidos, influyen en el comportamiento de las personas. Esta relación se representa esquemáticamente en la Figura 1.

5 Drucker, P. F. (2012). *La gerencia de empresas*. Editorial Random House Mandadori S. A. Buenos Aires.
6 Schein, P. (2017). *Organizational culture and leadership* (5.ª ed.). Editorial Wiley.

Figura 1. Formación de la cultura.

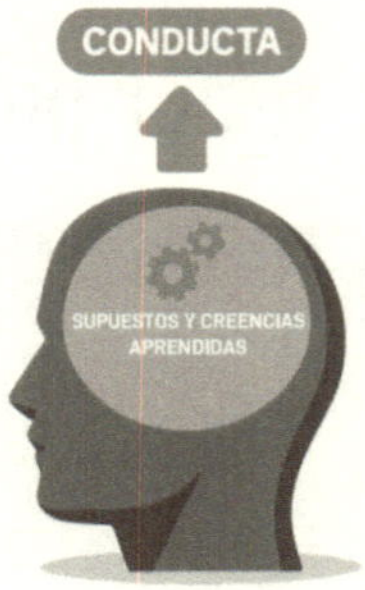

> *La cultura no se ve, se vive. Lo que hacemos a diario refleja lo que creemos colectivamente.*

La cultura organizacional se hace evidente a través de varios elementos, siendo el comportamiento uno de los más prominentes. Edgar Schein propone un modelo de cultura en tres niveles, los cuales se representan en la Figura 2[7] (esto se explicará más adelante).

Figura 2. Los tres niveles de la cultura.[8]

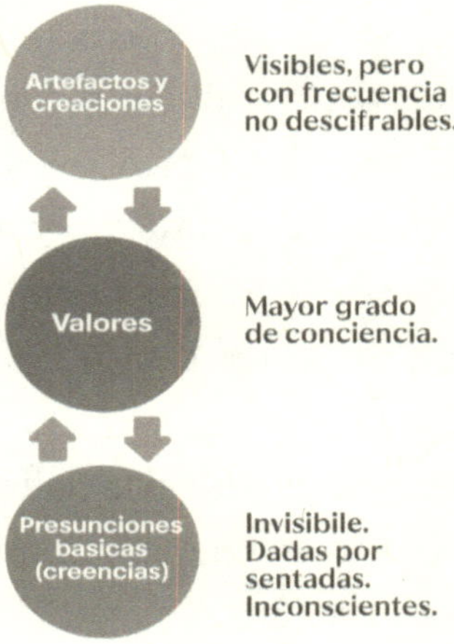

Como he mencionado previamente, la cultura organizacional se moldea a través de los supuestos y creencias que influyen

7 Schein, P. (2017). *Organizational culture and leadership* (5.ª ed.). Editorial Wiley.
8 Fuente: Edgar Schein. *Organizational Culture and Leadership.*

en la conducta de los individuos. De esta manera, los elementos mediante los cuales podemos describir la cultura son los comportamientos observables y los vestigios dejados por la interacción humana (artefactos culturales), que Edgar Schein denomina artefactos. Estos artefactos constituyen todo lo que puede ser percibido a nivel visual, auditivo y sensorial en una empresa. Sin embargo, la cultura es más compleja que solo ver los artefactos, ya que se forma en la interacción de las personas en el día a día; por ello, se debe tener cuidado al simplificar la cultura con frases como «es lo que hacemos», ya que lo que hacemos podría estar influenciado por presiones diarias y esporádicas.

El término «valor» se define en este texto como las conductas aspiracionales que influyen en el comportamiento humano y moldean los artefactos culturales. Por ejemplo, el valor de decir la verdad o ser honesto influirá en las acciones de las personas.

Para que se cree una comunidad, esta debe basarse en creencias y valores, tal como lo sugiere Peter Drucker; en otras palabras, se está describiendo el modelo de formación de cultura organizacional de Edgar Schein. Las creencias y los valores generan los artefactos que son visibles en la organización (por ejemplo, lo que se comunica).

Las creencias, a diferencia de los valores, son más difíciles de identificar, ya que se forman a lo largo del tiempo a partir de las prácticas que se realizan y que se dan por ciertas. Estas creencias ayudan a interpretar la realidad y a guiar ciertos comportamientos.

Del grupo al equipo y del equipo a la comunidad

Dado que es necesario crear una comunidad, es imprescindible clarificar los valores, practicarlos y revisarlos para confirmar si se cumplen. Se deberían identificar las creencias que predominan, ya que podrían no ser adecuadas para crear la comunidad o podrían ser distintas dentro de los grupos de personas. Por ejemplo, la creencia «si no nos ha pasado, no nos pasará jamás», si está presente, las personas no serán muy preventivas en manejar los riesgos; mientras que, si esta creencia no está, las personas serán preventivas. Dependiendo del elemento que se esté gestionando, dicha creencia podría llevar a pasar por alto algunos riesgos que están sucediendo en la industria similar a la de la empresa.

Una de las condiciones para que exista comunidad es que se desarrolle trabajo en equipo. Un **equipo humano de trabajo** es un conjunto de personas que, de forma coordinada y colaborativa, aportan sus conocimientos, habilidades y esfuerzos para alcanzar objetivos comunes dentro de una organización, proyecto o actividad. Si el equipo se relaciona considerando valores y principios compartidos en los cuales basan su cohesión, se estará creando una comunidad, tal como describe Peter Drucker. Si la gente, por naturaleza, se enfoca hacia los objetivos, le importan las relaciones y le motiva terminar cosas, trabajar en equipos debería ser mucho más fácil y fluido de lo que la mayoría cuenta.[9]

Considerando lo anterior, una organización completa será un equipo de trabajo y, dentro de este equipo grande, habrá equipos de trabajo por área o unidad de negocio. No deberíamos hablar de «áreas», sino de equipos de trabajo. Incluso, cuando hay proyectos grandes, se ejecutarán mediante la integración de equipos pequeños. Saber trabajar en equipo, por consiguiente, es una de las condiciones imprescindibles para lograr resultados y, obviamente, para lograr la comunidad de la empresa.

Los equipos son la unidad básica de creación de valor de los negocios y las organizaciones. Las personas por sí mismas no

9 Gilkey, C. (2024). *Hábitos de equipo*. Editorial Aguilar.

crean valor; la interacción entre ellas es la que lo crea.[10] Cada persona dentro de la organización debería comprender que su trabajo individual es parte de una red de colaboración para los objetivos comunes. Sin embargo, lograr que cada persona comprenda esto es más complejo que solamente tener objetivos compartidos; requiere que, en todos los niveles —en especial quienes dirigen—, lo comprendan para que ellos motiven el trabajo en equipo.

Cuando hay trabajo en equipo, como base de la comunidad, se notará porque:

- Los integrantes aprenderán, al compartir conocimientos en todas las direcciones.
- Si hay errores en las tareas, se corregirán sin buscar culpables, sino buscando las conductas que los originaron.
- Compartirán valores, que es la forma en que se afiata el equipo.
- Buscarán mejores prácticas para lograr los resultados.

Si hay trabajo en equipo como base de la comunidad, incluso habrá menos rotación de personal. La gente renuncia o se queda por las personas con las que interactúa cada día. La mayoría de las personas pasamos el 80 % de nuestras horas laborales con las mismas cuatro a ocho personas.[11]

Todo equipo genera hábitos que lo hacen funcionar, y son estos hábitos la base de la cultura; dicho de otra manera, lo que hacen los equipos diariamente define la cultura de la organización. Tal como manifiesta Charlie Gilkey, lo que se hace a nivel colectivo es lo que define al colectivo, y eso es la cultura de la organización.

10 Gilkey, C. (2024). *Hábitos de equipo*. Editorial Aguilar.
11 Gilkey, C. (2024). *Hábitos de equipo*. Editorial Aguilar.

Pasar de grupos de trabajo a equipos, y de allí a comunidad, se logrará desarrollando líderes cuyo foco de trabajo será crear equipos. Para que exista el trabajo en equipo, como ya se mencionó, implica compartir valores, y esto generará hábitos de equipo. De no hacerlo de forma intencional, se abre camino el desorden y el mal rendimiento que afectan a los objetivos finales.

> *Una función del liderazgo es crear equipos de trabajo como unidad de valor de la organización.*

4
No es suficiente tener procedimientos: debemos gestionarlos

Los procedimientos son mapas,
pero solo el liderazgo los convierte en camino.
Alberto Ibañez Neri

Lograr resultados consistentes siempre ha sido un desafío para cualquier organización. Surge la pregunta:

- ¿Las tareas deben seguir una secuencia estrictamente lineal?
- ¿Debe realizarlas una sola persona o un equipo?

Lo cierto es que, para que los resultados se logren de manera consistente, se necesita realizar las tareas bajo un método definido, que usualmente se documenta en procedimientos (en muchos casos no es necesario documentar y el procedimiento existe igual). Sea documentado o no, el procedimiento es la forma más sencilla de estandarizar, sincronizar o automatizar una tarea, ya que establece la forma de hacer las tareas.

Entre los factores productivos, el método es, posiblemente, el factor que predomina respecto del logro de los resultados. Se pueden tener máquinas, materias primas, a las personas, un adecuado ambiente de procesos y una forma de medir; sin embargo, el método es el factor integrador de todos estos factores productivos y hace que las entradas a los procesos se transformen en resultados. Sin métodos, una persona no podría usar las máquinas ni las materias primas para transformarlas.

> ***El método es el factor integrador*** *que convierte las entradas de un proceso en resultados concretos. Sin método, las demás variables pierden eficacia.*

El método como eje de la eficacia

Los métodos establecidos en procedimientos por sí solos no lograrán los resultados: requieren que se pongan en acción y que se actualicen cuando corresponda. Un método es solamente un medio para el logro de los resultados y se aplica dentro de un contexto. El contexto de aplicación del procedimiento está determinado por:

- Las condiciones de los procesos y del entorno en donde se desarrollan.
- Los objetivos que se persiguen.
- La voluntad y compromiso de las personas que lo ejecutan.

Dado que un proceso es la forma de organizar el trabajo para generar los productos o servicios, este responde a las condiciones del ambiente del proceso, a los objetivos que se le exijan y a la voluntad de quienes hacen que el proceso funcione. Si una de las condiciones cambia, los métodos y procedimientos establecidos no representarán el contexto ni se alinearán a las nuevas condiciones, a menos que el método y los procedimientos se actualicen.

Procedimientos como control de riesgos y guía de conductas

Los procedimientos son, en muchos casos, la primera barrera para controlar los riesgos que afectan la calidad, la seguridad o la continuidad de la provisión de productos o la prestación de servicios. Es la condición más básica del control de procesos.

Otra de las razones de la importancia de los procedimientos es que describen las conductas que se espera que las personas responsables de las actividades hagan para lograr el resultado establecido. El procedimiento es la forma más sencilla de organizar las conductas de las personas, la forma más sencilla de hacer seguimiento y la forma más sencilla de mejorar. Tal como describí en el libro *Cambia el comportamiento, cambia la cultura*, la conducta es la unidad básica de la cultura; por ello, si se organizan en los procedimientos, estos se convierten en el elemento organizacional clave que ayudará a mantener la cultura de la organización.

> *Un procedimiento no solo organiza tareas, también moldea comportamientos, facilita el seguimiento y crea las bases para la mejora continua.*

Los procedimientos deberían ser la herramienta de los líderes para enfocar la conducta de su equipo de trabajo hacia los resultados. Sin embargo, es común que los líderes no se hagan cargo de definir los procedimientos necesarios y asegurar que estos se apliquen de manera consistente. Es común encontrar a líderes de áreas quejarse de que las personas no hacen lo que ellos necesitan que se haga y, al preguntarles si estandarizaron las tareas, suelen decir que esa responsabilidad es de otra área y no de ellos. Esto es un error, ya que los resultados de su área dependen de los procedimientos que se hayan establecido —dicho de otra manera, de las conductas establecidas— y, si estas no se han definido, no esperemos lograr los resultados que queremos.

> *La conducta es la unidad básica de la cultura; los procedimientos la organizan y dirigen.*

Usualmente, cuando hay fallas en los resultados, es porque no se tuvieron o no se siguieron los procedimientos; es decir, no se siguieron las conductas establecidas. Por ello, saber gestionar los procedimientos es más importante de lo que creemos o de lo que podemos ser capaces de comprender.

Procedimientos documentados: más que información en papel

Los procedimientos escritos son una forma de mantener la información y el conocimiento documentados. Los procedimientos establecen los métodos y técnicas que se usarán para realizar las actividades; sin embargo, muchas veces los establecemos, los comunicamos y creemos que con eso se cumplirán. Esto no es suficiente.

No es suficiente tener procedimientos documentados; estos deben ser gestionados considerando:

- **Elaboración**: debe basarse en información confiable y en consonancia con el contexto del proceso y de los resultados a lograr. Es posible que el procedimiento se elabore para controlar los riesgos o para lograr los resultados; en cualquiera de los casos, se orientará a la eficacia.
- **Capacitación**: para que se ejecuten de manera eficaz. Esta capacitación debería considerar las características de la tarea y las competencias de las personas que la ejecutarán. No solo debería capacitarse cuando se haya

creado el procedimiento; la capacitación debería ser periódica, en función del seguimiento que se haga.

- **Seguimiento de ejecución**: para detectar el nivel de cumplimiento y, obviamente, posibles desviaciones. El seguimiento de la ejecución es parte del procedimiento. En la forma de seguimiento también debería haberse capacitado a los responsables.
- **Revisión y actualización**: revisar periódicamente para asegurar la adecuación del procedimiento y, si corresponde, actualizarlo para que se ajuste a la realidad actual. Al actualizarse, debería volver a capacitarse a los responsables y hacer seguimiento para que se aplique el procedimiento actualizado.
- **Mejora**: junto con la acción anterior, los procedimientos deberían ser mejorados, a fin de llevar a otros niveles de eficacia en el logro de los resultados.

Figura 3: Secuencia de 5 pasos para gestionar los procedimientos.

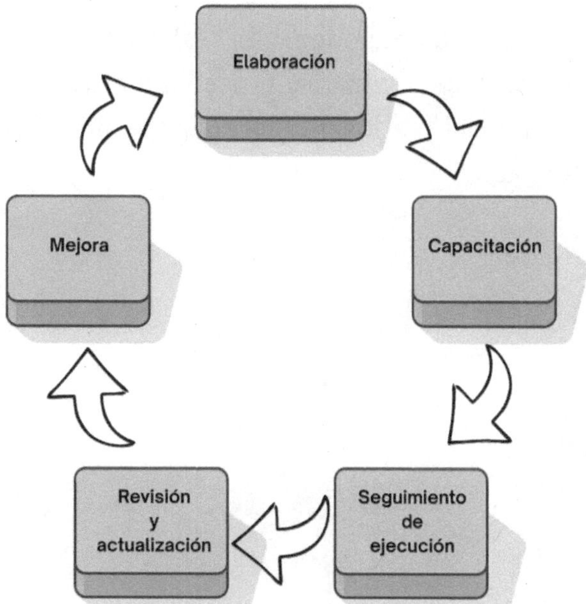

Adaptación ante el cambio

Ninguna organización permanece sin hacer cambios durante un ejercicio anual y, al hacer cambios, los métodos definidos en los procedimientos pueden quedar obsoletos frente a la nueva realidad. Por ello, una de las fases de la gestión de métodos y procedimientos es revisarlos para saber si son adecuados al contexto actual y, si no se ajustan, actualizarlos.

La revisión de los procedimientos se puede hacer de manera periódica para confirmar si el procedimiento es aún adecuado al contexto en que vive la organización o cuando hay cambios que hacen evidente que los procedimientos no son adecuados al nuevo contexto que gatilló el cambio. Estos cambios pueden ser: cambios en productos, cambios en materias primas, cambios en procesos o cambios externos (legislación, tecnología).

> *Un procedimiento que no se revisa deja de ser un activo y se convierte en un riesgo.*

En conclusión, los métodos para realizar las actividades de los procesos se documentan en procedimientos; sin embargo, no es suficiente elaborarlos y tenerlos disponibles: deben gestionarse con actividades que debería realizar el responsable del proceso.

5
No es suficiente la política del sistema: esta debe implementarse

La coherencia del líder es la fuerza que convierte una política en cultura.
ALBERTO IBAÑEZ NERI

Cuando las organizaciones incorporan normas de gestión, uno de los primeros requisitos es establecer políticas.

Una política son las intenciones y la dirección de una organización, tal como las expresa formalmente su alta dirección.[12] Las políticas se pueden establecer en los ámbitos que es necesario direccionar, por ejemplo, la calidad, la inocuidad, la seguridad laboral, entre otros.

Suele describirse de manera intencional y general, precisamente para orientar, inspirar y alinear a la organización. Al ser una intención general de los sistemas de gestión, una política no puede implementarse directamente, ya que no tiene los elementos para que se ejecute. Un error común es creer que escribir y comunicar una política garantiza su cumplimiento. La realidad es que **una política debe implementarse a través de objetivos, reglas y competencias** que permitan llevarla a la práctica.

12 ISO 9000-2015. *ISO 9000: Fundamentos y vocabulario.* Organización Internacional de Normalización.

De la política a los objetivos

Los objetivos se derivan de las políticas y, con los objetivos, se deberían establecer acciones para lograrlos.

> *Los **objetivos** son la traducción operativa de las políticas.*

Figura 4: Estructura de un objetivo.

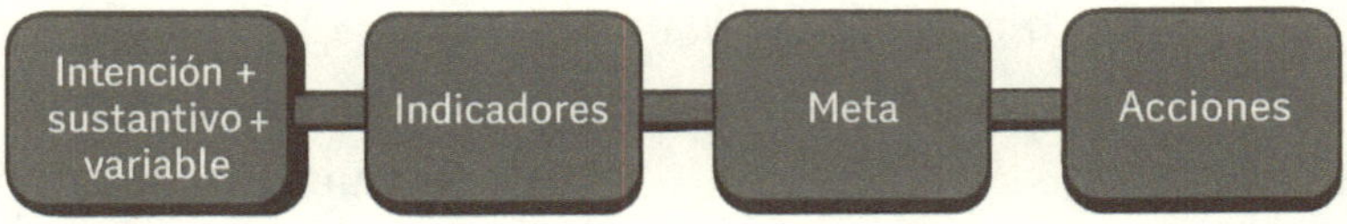

Un objetivo bien formulado es específico, cuantificable o medible, y contiene una fecha límite para su consecución.[13]

Los objetivos concretos y mensurables son valiosos para la administración por tres razones:

1. centran los esfuerzos y alinean las acciones en toda la organización,
2. sirven como patrones de medida para rastrear el desempeño y los avances de una compañía, y
3. motivan e inspiran a los empleados a esforzarse más.

Lo ideal es que se formulen objetivos desafiantes pero factibles, que procuren que la organización se estire para alcanzar todo su potencial.[14]

La mayor parte de la viva discusión actual en torno a la dirección mediante objetivos se refiere a la búsqueda de los objetivos correctos. Dirigir un negocio es equilibrar una gran cantidad de necesidades y metas; por ello, se necesitan **tener objetivos en**

13 Thompson, A., Peteraf, M., y Gamble, J. (2007). *Administración estratégica* (18.ª ed.). Editorial McGraw-Hill.
14 Thompson, A., Peteraf, M., y Gamble, J. (2007). *Administración estratégica* (18.ª ed.). Editorial McGraw-Hill.

todos los aspectos en los cuales el resultado y el desempeño afectan de manera directa y vital la supervivencia y la prosperidad del negocio.[15]

Dentro de la estructura de los objetivos, las acciones son el elemento que hará que cada objetivo se cumpla. Las acciones definidas con sus responsables, recursos y plazos pondrán en marcha a las personas para la consecución de los objetivos. Esto deberá incluir la revisión periódica de las acciones y los ajustes correspondientes para que se ejecuten.

Reglas o comportamientos esperados

Al establecer intenciones, una política puede implementarse definiendo reglas o comportamientos que se apliquen en los procesos.

Por ejemplo, si en la política se establece «orientación al cliente», para que esta intención se cumpla deberían definirse comportamientos esperados que los aplique cada persona que interactúa con los clientes; por ejemplo: responder un reclamo en no más de 4 horas hábiles; buscar soluciones al cliente antes de decirle que se puede o no se puede hacer, entre otros comportamientos esperados.

En el libro *Cambia el comportamiento, cambia la conducta* describo la necesidad de definir reglas intransables. Las reglas son comportamientos que deben cumplirse sin excepción, ya que cualquier desviación podría tener un impacto significativo en la seguridad del producto y, por ende, en los consumidores y en el negocio de la organización. Ante cualquier desviación en una regla intransable, se deben implementar acciones para mitigar los posibles efectos negativos que puedan surgir.[16]

15 Thompson, A., Peteraf, M., y Gamble, J. (2007). *Administración estratégica* (18.ª ed.). Editorial McGraw-Hill.
16 Ibáñez, A. (2024). *Cambia el comportamiento, cambia la cultura*. Editorial Ígneo.

Competencias para cumplir la política

Para que se cumplan las intenciones que se documentan en la política, también deberá describirse qué competencias serán necesarias para lograr esas intenciones; por ejemplo, en muchas políticas se establece la intención de mejorar continuamente los procesos. Para que las personas se orienten a mejorar, deberán tener algunas competencias de solución de problemas, de búsqueda de oportunidades y de planificación, entre otros aspectos necesarios para lograr la mejora continua. Sin las competencias precisas, no se podrá lograr la intención.

> *Las competencias son el combustible que hace posible que una política cobre vida.*

El papel del liderazgo

La forma en que los líderes dirigen es estableciendo los elementos descritos anteriormente; es decir, ellos definen las políticas y los elementos que se desprenden de estas. Pero un elemento clave es que los líderes vivan la política que han establecido; de no ser así, se entra en un círculo de inconsistencia en la gestión al declarar una cosa y hacer otra distinta a la declarada.

Las políticas son la herramienta que se usa para hacer cambios de cultura manifestados en el cambio de conducta. Por ello, los líderes deben ser los primeros en aplicar las políticas y las conductas derivadas de estas.

Es común encontrar políticas pegadas en los muros, pero que no son vividas por el personal. Baje la política al piso; que sea vivida a través de los objetivos, comportamientos y competencias definidos.

> *La coherencia del líder es la fuerza que convierte una política en cultura.*

Para que las políticas de gestión se cumplan, deberían implementarse considerando varios elementos, entre ellos: desglosarlas en objetivos, determinar reglas intransables que se incorporen en los procesos y definir las competencias que sean necesarias; esto deberá ser vivido por los líderes mediante el ejemplo.

6
No es suficiente definir responsabilidades: deben orientarse al logro de resultados

Definir responsabilidades sin resultados es delegar acciones, no compromisos.
ALBERTO IBAÑEZ NERI

Los procesos que se ejecutan en las organizaciones se realizan a través de actividades asignadas al personal; estas se denominan responsabilidades. Las responsabilidades suelen ser la forma en que se asigna la tarea o actividad a las personas y se documentan en descriptores de puesto.

Las responsabilidades son acciones que se definen para que las personas las apliquen en las actividades diarias. No es suficiente definir responsabilidades genéricas: estas deben definirse de forma específica, orientadas a los resultados.

> *Una responsabilidad genérica es una invitación al incumplimiento.*

Las organizaciones tienen diversas áreas en las cuales definir responsabilidades —por ejemplo, procesos de producción, compras, desarrollo, mantenimiento e ingeniería, entre otros—. Considerando esto, es necesario definir las responsabilidades en estos ámbitos, orientadas a los ámbitos de resultados que se deben lograr en las organizaciones. Por ejemplo, al definir responsabilidades para compras, se deberían incluir atributos de calidad, inocuidad (en el caso de la industria alimentaria), legalidad, autenticidad y productividad. Si las responsabilidades se definen de manera genérica —por ejemplo: «es responsable de activar las compras»— sin ningún atributo, seguramente los resultados no serán los necesarios para cumplir los objetivos de la organización. Es mejor y más preciso definir: «es responsable de activar las compras, según las prioridades de producción y los criterios de calidad e inocuidad de las materias primas que se comprarán».

La diferencia está en que la segunda formulación establece explícitamente el resultado esperado y las condiciones para lograrlo, lo que facilita la gestión, el control y la evaluación.

Los ámbitos de resultados en los que se definan las responsabilidades son importantes para ser eficaces en la gestión; por ejemplo, deben vincularse a los ámbitos clave de gestión: calidad, inocuidad, legalidad, autenticidad, productividad y otros ámbitos pertinentes. Este enfoque permite que cada rol no solo ejecute tareas, sino que contribuya de manera directa y medible al cumplimiento de objetivos organizacionales.

Adaptación por área y nivel jerárquico

Las organizaciones abarcan diversas áreas —producción, compras, desarrollo, mantenimiento, ingeniería, entre otras— y cada una requiere responsabilidades específicas según su naturaleza y propósito. Además, la definición debe considerar los distintos niveles jerárquicos, estableciendo quién planifica, quién ejecuta, quién supervisa y quién provee los recursos.

Por ejemplo, en el proceso de limpieza de equipos y ambientes:

- **Planificación**: jefatura de producción.

- **Ejecución**: personal de producción o de limpieza designado.
- **Monitoreo y revisión**: supervisores o encargados de aseguramiento de calidad.
- **Asignación de recursos**: gerencia de operaciones o mantenimiento.
- **Entrenamiento del personal**: responsables de capacitación o jefaturas de área.

Este desglose asegura que cada actor tenga claridad sobre qué debe hacer, para qué lo hace y cómo impacta su trabajo en el resultado final.

> *La precisión en las responsabilidades es la base para medir, gestionar y mejorar.*

Al asignar las responsabilidades, estas deben establecerse para los cargos desde el menor hasta el mayor nivel jerárquico, y viceversa. Por ejemplo, quien planifica y programa la limpieza suele ser una jefatura de producción; sin embargo, quien ejecuta será personal específico de producción o personal designado de forma exclusiva. Por lo tanto, las responsabilidades para un jefe de producción no serán las mismas que para un jefe de compras, y lo mismo aplica al personal de primera línea.

Las responsabilidades son mucho más que un listado de tareas: son instrumentos estratégicos para orientar el trabajo hacia resultados concretos. Definirlas con precisión, vincularlas a objetivos y distribuirlas de forma coherente en la estructura organizacional es una condición esencial para que la gestión deje de ser un conjunto de intenciones y se convierta en resultados reales.

7
No es suficiente el análisis de riesgos y sus controles: se deben vincular al negocio

Gestionar riesgos es cuidar el futuro que aún no existe.
PETER DRUCKER

En la gestión alimentaria —y en muchos otros ámbitos—, los riesgos son la base de la planificación y el control. En algunos ámbitos de la gestión se deben determinar los peligros; por ejemplo, para definir el plan de análisis de peligros y de puntos críticos de control (plan **HACCP**). Al identificar los peligros que se deben controlar, se definen las medidas de control que prevendrán la contaminación o eliminarán o reducirán los riesgos a niveles seguros.

Para que estas medidas sean eficaces en la mitigación del riesgo, es necesario establecer mecanismos de gestión que contemplen:

- **Variables o parámetros definidos** con sus límites aceptables.
- **Sistemas de seguimiento y monitoreo** que detecten desviaciones.
- **Medidas correctivas** cuando los límites no se cumplen.
- **Procedimientos de verificación** que confirmen la eficacia del control.

Este ciclo de control —como se ilustra en la figura 5— puede ser técnicamente sólido y eficiente para controlar peligros que amenazan la viabilidad del negocio.

Figura 5. Ciclo de control.

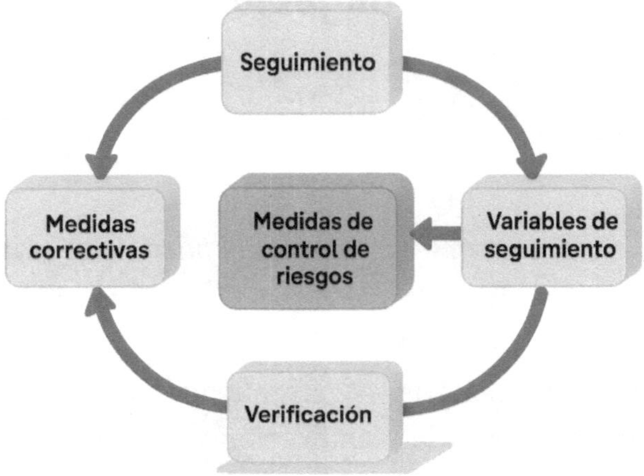

Si bien este mecanismo de control es eficaz, a menudo no se vincula a los procesos de negocio, a pesar de que controla peligros que pueden poner en «jaque» el negocio de la empresa.

En talleres que suelo realizar a gerencias acerca de su rol en la gestión alimentaria, suelo preguntar: ¿cuáles son los peligros que podrían llevar a pérdidas importantes en el negocio? La mayoría de los ejecutivos no logra identificarlos, lo que evidencia una desconexión entre lo que ocurre —y puede ocurrir— y los resultados que se espera alcanzar.

> *Los riesgos clave para la sostenibilidad de la empresa son invisibles para quienes toman decisiones estratégicas.*

Esta desconexión se amplifica porque el conocimiento sobre los mecanismos de control de riesgos suele estar concentrado en pocas personas: normalmente, quienes diseñaron el sistema. Para el resto, conceptos como «peligros significativos» pueden resultar lejanos o irrelevantes, reduciendo la aceptación de que la gestión basada en riesgos es esencial para el trabajo diario y para la viabilidad del negocio.

Por ello, no basta con analizar peligros, definir controles y gestionar el sistema. Es fundamental ir más allá y lograr conciencia, aceptación y compromiso organizacional con un enfoque de control basado en riesgos. Para lograrlo:

- **Alinear el análisis de riesgos con el impacto en el negocio y la toma de decisiones.**
- **Comunicar a todos los niveles** de la organización la naturaleza de los riesgos clave y sus controles.
- **Capacitar** en el enfoque de gestión de riesgos vigente.
- **Incorporar los controles de riesgos en la estructura organizacional y en los procesos.**
- **Definir indicadores** basados en riesgos y su nivel de control.
- **Monitorear continuamente** la eficacia de los controles y los cambios en los riesgos.
- **Mejorar el sistema**, adaptándose a las variaciones del contexto y de los riesgos.

Cuando no se vinculan los riesgos clave y sus controles con la gestión global de la organización, se generan señales claras de debilidad:

- Falta de reconocimiento de las personas responsables de estos riesgos y sus controles.
- Ausencia de revisión periódica y mejora de los controles.
- Cambios en equipos, personal o infraestructura sin evaluar el impacto en los riesgos.

- Asignación de recursos y prioridades sin considerar los riesgos clave.

En un contexto de cambios rápidos y disruptivos, **enfocar la gestión en los riesgos clave y su impacto directo en el negocio es un factor diferenciador**. Por ello, **no es suficiente identificar riesgos y definir controles; es imprescindible vincularlos con cada elemento de la gestión empresarial para proteger la sostenibilidad y la competitividad del negocio.**

8
No es suficiente formar grupos o equipos: hay que invertir en ellos

El trabajo en equipo no sucede por accidente;
es el resultado del liderazgo intencional.
John C. Maxwell

Todas las empresas quieren obtener mejores resultados organizando el trabajo de las personas; sin embargo, debemos considerar que, una vez establecidos los procesos, habrá diferentes maneras de realizar las tareas del proceso, según se organicen las personas. El experto en gestión de empresas y estrategia Peter Drucker menciona que hay dos maneras de que trabajen las personas: individualmente o en equipo.[17]

El trabajo individual será necesario cuando hay tareas organizadas para que una sola persona las desarrolle; por ejemplo, artesanos. Cuando la tarea es compleja o cuando se requiere implementar proyectos de mejora productiva, debe ser realizada por un grupo de personas organizadas en equipos de trabajo. Pasar de un grupo a un equipo requiere trabajo coordinado y dirigido de una persona interesada en que se trabaje en equipo. Las personas que trabajan juntas constituyen un grupo social, en el que se establecen relaciones personales por encima de la relación del trabajo.[18]

---

17 Drucker, P. F. (2012). *La gerencia de empresas.* Editorial Random House Mandadori S. A. Buenos Aires.

18 Drucker, P. F. (2012). *La gerencia de empresas.* Editorial Random House Mandadori S. A. Buenos Aires.

> *A mayor desafío, mayor necesidad de trabajo en equipo.*

Formar equipos y que estos trabajen en equipo es una función del liderazgo; sin embargo, muchas empresas forman grupos o equipos de trabajo que funcionan poco tiempo. Por ello, no es suficiente con formar el equipo: se debe pagar el precio para que el equipo perdure y logre resultados.

En general, cuando se forman los equipos de trabajo, se define quién coordina y se establecen los roles de los responsables; sin embargo, esto no es suficiente. Construir un equipo y que trabaje como tal no se logra de un día para otro ni se logra indicando solamente qué hacer. Se deben crear confianza dentro del equipo, dar dirección y centrarse en desarrollar a los integrantes; estas tres características del trabajo en equipo son responsabilidad del líder del equipo.

Es esencial el trabajo en equipo, ya que es la manera de lograr resultados. Casi todo lo que hacemos en la organización se debe al trabajo en equipo. No importa cuál sea nuestro cargo: siempre seremos parte de un equipo que ejecuta una etapa o proceso, o parte de un proyecto de mejora de los procesos; incluso si es parte de grupos de trabajo que se forman para resolver un problema específico, por ejemplo, un reclamo de clientes o una no conformidad identificada en una auditoría.

El trabajo en equipo no solo se desarrolla en las empresas; también ocurre en el entorno familiar. Por ello, la formación de equipos, el liderazgo de equipos y el saber trabajar en equipo es esencial para cualquier ámbito de la vida, ya sea laboral o personal. Vuelvo a recalcar: no es suficiente que se forme el equipo y se diga qué hacer; se debe hacer que funcione día a día, basado en principios, tal como lo describe John Maxwell.

Es el deseo de todo líder de organización que su personal trabaje en equipo. Incluso, en muchas organizaciones se declara como valor. Sin embargo, ¿por qué no se trabaja en equipo como debiera trabajarse? He llegado a la conclusión de que hay varios factores que hacen que las personas no trabajen en equipo; acá describo 5 de ellos.

¿Por qué no se trabaja en equipo?

Roles y responsabilidades no claros: si bien se definen responsabilidades de los integrantes del equipo, es común que no sean claras ni precisas. Esto trae confusión en los integrantes del equipo, que no saben qué hacer; al final, produce desánimo y hace que se abandone el trabajo en equipo.

No hay identificación con el propósito: el trabajo en equipo inicia con un propósito —por ejemplo, resolver un problema, mejorar un proceso, implementar un proyecto—. Este propósito debería definirse con claridad y precisión, aspecto que no sucede la mayoría de las veces. Al no identificarse con un propósito, no se dedicará energía a trabajar en el equipo, ya que las personas no identifican beneficios. El propósito común en los integrantes del equipo ayuda a establecer vínculos bajo los cuales el equipo funciona; sin estos vínculos, simplemente el equipo no funcionará ni será eficaz.

Liderazgo débil: hacer que las personas trabajen en equipo es consecuencia del liderazgo de quien forma y promueve el equipo, de quien coordina y de quienes son parte del equipo. El liderazgo significa influencia, como lo define John Maxwell. Al ser el liderazgo influencia, se requiere que todos los integrantes del equipo mejoren su capacidad de liderazgo para que exista influencia hacia el logro de los resultados establecidos para el equipo.

Prioridades individuales: trabajar en equipo implica que hay un propósito que debería alcanzar el equipo. Esto implica que, además del trabajo individual de cada miembro, deben dedicar energía para trabajar a fin de lograr el propósito del equipo. Si las responsabilidades individuales son más fuertes —en términos de prioridades— que las del equipo, el trabajo en equipo será abandonado.

Ausencia de promotor: el trabajo en equipo implica que este estará orientado a lograr resultados que, de manera individual, no se pueden alcanzar. Esto implica que debería existir un promotor y alguien a quien rendir cuentas. Al no existir —o no estar claro— quién es este promotor, no habrá a quién el equipo rinda cuentas, por lo que no se hará el seguimiento del trabajo en equipo.

Estos 5 factores —si están todos, o algunos de ellos— harán que el trabajo en equipo no sea tal, perdiendo eficacia en el logro de los resultados.

> *Un equipo fracasa cuando el liderazgo fracasa.*

Condiciones para el trabajo en equipo

Considerando lo anterior, el trabajo en equipo es esencial en las organizaciones; es la mejor manera de lograr resultados en el ámbito empresarial y familiar. Por ello, no es suficiente que se forme el equipo y se mandate que trabaje como tal: se debe invertir en los factores que hacen que las personas trabajen en equipo.

La **primera condición** para que exista el trabajo en equipo es tener una meta o resultado que alcanzar y que, para ello, la tarea, el proyecto o el proceso requiera de un grupo de personas organizadas y coordinadas para que interactúen con tareas individuales en la realización de una tarea más grande o compleja. Si no se sabe a dónde se va, solo habrá un grupo de personas trabajando. Esta tarea será un todo integrado a partir de las tareas individuales. Metafóricamente, se suele parecer a un puzle en el que cada pieza encaja en un todo integrado con un resultado (que, en el caso del puzle, es la visibilidad de la imagen completa). Quien define la tarea integrada y la necesidad del equipo es el líder del equipo: es quien tiene la imagen integrada de la tarea y el resultado a alcanzar.

Un equipo es un ente organizacional que funciona para lograr un resultado; este ente se forma de personas individuales trabajando cohesivamente, bajo la confianza generada como el pegamento del equipo. Sin esta confianza, el «ente» equipo no lograría ser eficaz ni eficiente. Entonces, para que exista el todo integrado, los individuos trabajarán y se cohesionarán bajo la confianza; esta es la **segunda condición** para que un grupo de personas trabaje en equipo. Al generar confianza entre las personas, se logrará un sentimiento de comunidad, como lo describe John Maxwell.

La **tercera condición** para el funcionamiento y el trabajo en equipo es que estén organizados en base a la necesidad de la tarea más compleja. Las tareas deberían diseñarse para que sean ejecutadas por personas individuales en un todo integrado. Considerando el trabajo en un todo integrado, se deberá definir el resultado a lograr por el equipo. Para que la tarea compleja se desarrolle por el equipo, esta deberá ser desglosada en tareas específicas y asignadas a los integrantes del equipo.

Esto requiere que cada individuo acepte su responsabilidad individual y conozca cómo sus resultados se vinculan con —y pueden afectar— el resultado de sus compañeros y el resultado final. De esta forma, trabajarán juntos y el sentido de competencia de unos contra otros debería desaparecer; si no desaparece, no se lograrán los resultados definidos. De tal manera que la cuarta condición para que un grupo de personas trabaje en equipo es que acepten su responsabilidad individual de pertenecer al equipo. Esto también implica que las personas sepan qué implica trabajar en equipos y cuáles son las condiciones de esto para lograr los resultados establecidos.

La **quinta condición** para que exista el trabajo en equipo es que exista un motivo superior para trabajar de esa forma y que las personas estén convencidas de querer ese resultado que solas no podrían lograr. Esto implica un acto de humildad individual, al reconocer que las capacidades individuales tienen limitaciones y que, al trabajar en equipo con otras personas, las limitaciones individuales son compensadas por otras personas. Uno es demasiado pequeño como para pretender hacer cosas grandes.[19] Sin esta condición —reconocer el bien superior y que solos no se podría lograr—, el equipo dejará de funcionar, incluso si las otras condiciones se cumplen. Esto es parte de la aceptación de la responsabilidad por el trabajo en equipo.

Para que las condiciones estén presentes para el trabajo en equipo, se requiere que exista una persona que tenga el interés en ese trabajo en equipo y que debiera ser el líder que organiza el trabajo del equipo. Por lo tanto, una de las funciones de los líderes es hacer que, cuando se requiera trabajo en equipo, este ocurra.

Para organizar el trabajo y lograr las metas se requieren recursos según las necesidades de las tareas que se asignen. Estos recursos deberían asignarse y proporcionarse según el avance de las tareas, lo que implica que el líder del equipo deberá definir y proveer estos recursos. La cantidad y el tipo de recursos dependerán del tipo de tarea a realizar; es posible que se requiera información, equipamiento, materiales específicos, entre otros. Esto se convierte en la **sexta condición** para el trabajo en equipo.

La **séptima condición** para que exista trabajo en equipo es que alguien haga que ocurra el trabajo en equipo; dicho de otra manera, debe existir un líder del equipo. El líder del equipo tiene la función de hacer que el equipo trabaje en equipo: será el

19 Maxwell, J. (2009). *Equipo 101*. Editorial Grupo Nelson.

primero en ver el cuadro completo, en aceptar que una persona sola no puede lograr grandes cosas como lo hace un equipo. Para ser líder del equipo, el líder será capaz de organizar el trabajo y dirigir al equipo para que logre los resultados. Para que el líder sea capaz de dirigir, deberá elevar su capacidad de liderazgo —aspecto que hablaremos más adelante—: cómo mejorar el liderazgo de las personas en los ambientes laborales.

Sin un líder del equipo —y sin que este líder mejore su capacidad de liderazgo— no existirá trabajo en equipo y, claramente, los resultados no se lograrán. Muchas empresas forman equipos de trabajo, pero fracasan por la ausencia de liderazgo de quien dirige el equipo, ya que se trata de dirigir a las personas y no solamente de organizar tareas (aspecto que es necesario para que se ejecuten las tareas). Dirigir al equipo, por parte del líder, implica pagar el precio para dirigir, y este precio es el tiempo que debe dedicar a la organización, dirección y desarrollo de los integrantes del equipo. Este aspecto puede ser difícil de realizar por el líder, ya que el líder del equipo tendrá responsabilidades operativas o administrativas que deberá cumplir y, si no es consciente del trabajo en equipo que está a su cargo, abandonará sus responsabilidades de dirigir el trabajo del equipo. Este suele ser el principal factor para que el trabajo en equipo no funcione.

> *El liderazgo no es solo organizar tareas; es dirigir personas hacia un propósito superior.*

A nivel de administración de las tareas, el líder del equipo deberá tener un plan preciso para lograr los resultados, disponer de recursos, medir el desempeño del equipo y rendir cuentas a niveles superiores, y ser capaz de mejorar el trabajo en función de los resultados. En esencia, el líder del equipo deberá administrar el trabajo en equipo y dirigir a las personas hacia el logro de la meta superior. Si deseamos tener ventaja al trabajar en equipo, la clave es el liderazgo centrado en las personas para que trabajen juntas y hagan suyas las metas establecidas, dejando de lado sus metas personales. Esto implica que el líder deberá pagar el precio: tiempo dedicado.

Debemos considerar que, cuando los equipos no están funcionando de forma correcta —que no están logrando los resultados—, siempre es por causa del líder. Por ello, se debe cambiar al líder del equipo, en función de los desafíos que presenta la tarea a lograr.

Estas 7 condiciones, identificadas y gestionadas, harán que los equipos sean eficaces. Se destaca el liderazgo como una de las condiciones más relevantes para que los equipos funcionen. Si el liderazgo es adecuado, se desarrollará a los integrantes del equipo para que los resultados sean eficaces.

Las leyes del trabajo en equipo

El trabajo en equipo depende de la comprensión de leyes que permiten que un equipo funcione, como lo describe John Maxwell. Sin estas leyes consideradas y respetadas, es muy probable que el equipo sea ineficaz. Voy a describir lo esencial de las leyes del trabajo en equipo que describe John Maxwell.[20]

Ya describí anteriormente que una persona sola poco puede lograr; en palabras de Maxwell: «uno es demasiado pequeño para pretender hacer grandes cosas». Cada persona tiene potencial, fortalezas y debilidades. Estas condiciones ponen un tope a la persona. Este tope se mueve con el trabajo en equipo. Ninguna persona ha logrado algo por sí sola, incluso el llanero solitario.

Trabajar en equipo es necesario cuando hay metas que lograr y la tarea no puede hacerla una persona. Esto implica que cada persona debe aceptar que la meta es lo importante y no

---

20 Maxwell, J. (2008). *Las 17 leyes incuestionables del trabajo en equipo*. Editorial Grupo Nelson.

las metas individuales. A esto John Maxwell lo llama **la ley del cuadro completo**: cada integrante del equipo debería ser capaz de ver el cuadro completo; el rol del líder del equipo es hacerlo ver, pero primero el líder del equipo debe ser capaz de verlo. Para aceptar y ver el cuadro completo se requiere valentía y humildad de cada integrante del equipo.

Un equipo, para que tenga alto desempeño, deberá tener a las mejores personas en su ámbito de desempeño: deberán ser especialistas. Esto es lo que describe la **ley de la especialización**. El nivel de desempeño de cada integrante potenciará o frenará el desempeño del equipo; por ello, una de las tareas del líder del equipo será disponer de los mejores integrantes para cada lugar dentro del equipo. Esto implica que el líder sea capaz de identificar las capacidades necesarias de los integrantes y ubicarlos en las zonas en donde pueden desempeñarse mejor. Aplicar esta ley también implica desarrollar a las personas para que mejoren sus competencias en su ámbito de trabajo.

Anteriormente mencioné que, cuando la tarea es más compleja o la meta es grande, se necesita un equipo para lograrla. Esa es la principal condición para que exista el trabajo en equipo. A esto John Maxwell lo denomina la **ley del monte Everest**: a medida que el desafío crece, la necesidad de trabajo en equipo aumenta.[21] Desde este punto de vista, lograr la inocuidad del producto en la industria alimentaria o niveles altos de calidad en cualquier sector industrial es una meta grande que solo se logrará con trabajo en equipo.

En el trabajo en equipo, las tareas específicas —integradas en un todo— serán realizadas por los integrantes del equipo. Estos integrantes serán elegidos según sus habilidades y conocimientos, y esta es una de las tareas clave que hace el líder del equipo. Cuando el equipo esté funcionando, se observará el desempeño

21 Maxwell, J. (2008). *Las 17 leyes incuestionables del trabajo en equipo*. Editorial Grupo Nelson.

de los integrantes, el cual deberá ser medido para permitir intervenir en el desarrollo de los integrantes según sus fortalezas y debilidades, para que la contribución al resultado sea eficaz. El resultado final del desempeño del equipo no es el resultado de los integrantes más fuertes o de mejor desempeño; el resultado estará dado por los integrantes de menor desempeño. Como dice John Maxwell: «todo equipo es tan fuerte como su eslabón más débil»; a esto se le llama la **ley de la cadena**. El líder debe ser capaz de identificar a los integrantes de alto desempeño y a los de bajo desempeño, y tomar una decisión respecto de estos últimos, que básicamente son tres: desarrollarlos, reubicarlos en áreas de su fortaleza o sacarlos del equipo.

Un equipo está hecho de personas que hacen tareas específicas dentro de un todo; por lo tanto, su actitud es clave para que el equipo se mantenga integrado y enfocado en el resultado. Las buenas actitudes no garantizan el éxito, pero las malas actitudes garantizan el fracaso,[22] esta es la idea que menciona John Maxwell en la **ley de la «manzana podrida»**. Todos, en algún momento, hemos tenido alguna mala actitud; yo he tenido varias. Una de mis malas actitudes fue criticar los errores que cometía mi equipo, creyendo que yo lo podía hacer mejor y sin errores. Esto llevó a que algunos integrantes de mi equipo perdieran la confianza en mí y algunos me abandonaran. Tuve que analizar mis actitudes, lo cual me llevó a aceptar que todos cometemos errores y que debemos aprender de ellos. Otras malas actitudes que se pueden identificar incluyen el egocentrismo, llevarse todo el crédito, no admitir errores, envidia.

Una de las cualidades de un grupo de personas que trabajen en equipo es confiar unos en otros; a esto John Maxwell lo llama la **ley de la confiabilidad**. Confiar unos en otros implica asumir responsabilidad individual por el resultado; de lo contrario, la

22 Maxwell, J. (2008). *Las 17 leyes incuestionables del trabajo en equipo*. Editorial Grupo Nelson.

tarea individual no se hará y eso afectará el resultado final. Si no hay confianza entre los integrantes del equipo, habrá rivalidad por quién hace mejor las cosas y habrá acusaciones a quienes no estén haciendo sus tareas individuales. El resultado final será simplemente el caos en el equipo y no se logrará el resultado. ¿Qué hace que una persona confíe en otra? Veámoslo como una vía de doble dirección: tiene que ver con cualidades de ambas personas. No se puede confiar en alguien que no genera confianza y no puedo generar confianza sin acciones que lleven a que los compañeros de equipo lleguen a confiar. Una acción muy sencilla que puede socavar la confianza es no realizar las tareas asignadas en tiempo ni forma; si esto se repite, ya es un hábito y puede destruir la confianza que tienen unos en otros.

El trabajo en equipo puede tener dificultades y, en las dificultades, suelen aflorar la verdadera actitud y el nivel de compromiso de los integrantes del equipo. Cuando los integrantes del equipo son confiables en momentos difíciles, se sabe que se apoyarán unos a otros.

La confianza y el compromiso son dos valores que debe tener el equipo para que funcione. La confianza es como la esperanza que tiene una persona en que el compañero del equipo hará sus tareas según el cuadro completo; el compromiso lleva a que cada uno tome acciones según sus tareas. Si estos valores se comparten, el equipo tendrá identidad; esta es la **ley de la identidad**, según la describe John Maxwell.

Cuando hay confianza entre los integrantes del equipo y tienen el cuadro completo en la mira, el equipo empieza a ponerse en movimiento y, para que ello ocurra, es necesaria la comunicación. A través de la comunicación los integrantes de los equipos interactúan, resuelven problemas, se alientan y se acompañan en el camino del trabajo en equipo. La comunicación debería darse en dos sentidos e implica saber hablar y saber escuchar mutuamente. La buena comunicación se desarrolla: no surge de forma natural, a pesar de que, de forma natural, nos comunicamos; la buena comunicación es aprendida e intencional. La buena comunicación es calificada como tal al ser un recurso para solucionar conflictos, para tomar decisiones y para interactuar; si esto no se logra, es posible que la comunicación esté fallando, ya **que es una de las leyes** que explica John Maxwell.

Dado que la comunicación debe ser intencional, deberá darse desde el líder hacia los integrantes del equipo. El líder deberá usarla como instrumento para dirigir al equipo, mostrando el cuadro completo, indicando las tareas y retroalimentando acerca de los resultados. La comunicación deberá darse desde los integrantes del equipo hacia el líder: esta comunicación tiene que ser oportuna y sincera acerca de las tareas y del desempeño individual y del equipo, incluso mostrando las dificultades que se encuentren. La comunicación también debe darse entre los integrantes del equipo, de forma sincera y oportuna.

Al comprender y aplicar estas leyes del trabajo en equipo, tendremos las condiciones adecuadas para que grupos de trabajo tengan alto desempeño y para que las organizaciones obtengan resultados de manera sostenida.

9
No es suficiente motivar al personal, debemos crear sistemas de conducta

El ambiente es la mano invisible que moldea el comportamiento humano.
JAMES CLEAR, *HÁBITOS ATÓMICOS*

En muchas organizaciones se invierte periódicamente en charlas motivacionales, talleres o actividades recreativas que buscan inspirar al personal a alinearse con los valores y objetivos de la empresa. Estos eventos suelen estar acompañados de oradores carismáticos, dinámicas de grupo, almuerzos o paseos corporativos. Sin embargo, la experiencia demuestra que la motivación generada es pasajera: al cabo de semanas o meses, las personas retornan a sus rutinas habituales y las conductas deseadas no se sostienen en el tiempo.

El problema radica en que **la motivación, por sí sola, no garantiza cambios de comportamiento**. Para que las conductas se instauren y se conviertan en hábitos organizacionales, es imprescindible **diseñar sistemas que las respalden, las faciliten y las hagan sostenibles**. Las actividades motivacionales son útiles, pero no suficientes; deben complementarse con un entorno y un sistema que refuercen diariamente la conducta esperada.

Si una empresa desea que su personal realice una determinada acción, debe crear las condiciones para que esa acción ocurra de manera natural y repetida. En la industria alimentaria, por ejemplo, el simple hecho de lavarse las manos no puede depender solo de la motivación o del compromiso individual. Es necesario que existan recursos disponibles, roles definidos, mecanismos de seguimiento, reconocimiento y liderazgo visible.

> *La motivación inspira, pero los sistemas de conducta sostienen.*

Elementos de un sistema de conducta eficaz

- **Recursos accesibles**
  Un estudio que hizo Gallup da cuenta de que solo uno de cada **tres** trabajadores dice disponer de los recursos materiales y humanos necesarios para realizar sus actividades.[23] Esto es un indicador bajo: si el personal no tiene los recursos materiales para realizar una acción, simplemente no se desarrollará el comportamiento que deseamos. Proveer los recursos necesarios implica crear un proceso, con responsables y mecanismos de revisión, para que se proporcione; sin este proceso no se tendrían los recursos. La responsabilidad de determinar y proveer los recursos necesarios para que se desarrollen las actividades recae en las gerencias. No disponer de los recursos necesarios para desarrollar las tareas asignadas es un factor de descontento que tiene un efecto mayor en la productividad y en el logro de los objetivos en las empresas; por ejemplo, en la industria alimentaria, puede afectar la calidad e inocuidad del alimento.

23 Clifton, K. & Harter, J. (2019). *El Líder*. Editorial Reverté. España.

- **Roles y responsabilidades claros**

  El comportamiento que queremos que se haga en las organizaciones debieran estar formalmente establecido en la estructura de roles y responsabilidades de la organización. Usualmente esta estructura de roles y responsabilidades se usa para evaluar desempeño, retroalimentar, incluso premiar o castigar. Si es que no está establecido la conduta dentro de los roles responsabilidades de manera formal, simplemente no se realizará. Gallup menciona que **uno** de cada **dos** trabajadores afirma que sabe lo que se espera de él en su trabajo. Menos de la mitad de los empleados (43 %) cuentan con una descripción clara de supuesto.[24] Con estos datos es de suponer que el personal podría estar confundido acerca de su rol dentro de la organización y no depende de ellos, depende de quienes están a cargo del trabajo de ellos.

- **Seguimiento, medición y *feedback***

  Los comportamientos que queremos que se realicen deben ser revisados y medidos a fin de obtener un panorama claro del avance en la aplicación del comportamiento. Por ejemplo, si queremos que el personal de mantenimiento ejecute el plan de mantenimiento basado en actividades críticas, se deberá medir con regularidad el avance del programa o buscar otros indicadores; por ejemplo, si diariamente se realizan actividades enfocadas al cumplimiento del programa. Después del seguimiento y la medición, debe seguir la retroalimentación del desempeño; esto debería hacerse considerando los aspectos positivos y las oportunidades de mejora existentes. Este *feedback* debiera ser continuo y es otro rol del líder del equipo.

24 Clifton, K. & Harter, J. (2019). *El Líder.* Editorial Reverté. España.

- **Reconocimiento y refuerzo positivo**

  Los reconocimientos hacen satisfactoria una conducta. Gallup manifiesta que **uno** de cada **cuatro** trabajadores reconoce haber recibido algún tipo de reconocimiento o elogio por hacer bien su trabajo. Este es un índice muy bajo: la mayoría de los trabajadores no tiene idea de cómo hace su trabajo o si lo hace mal o bien al no recibir reconocimiento; y con menor frecuencia se entrega retroalimentación al personal. Gallup también documenta que uno de cada tres trabajadores dice que alguien ha tratado con él sus progresos en el último semestre.[25] El reconocimiento se debe hacer al trabajo en equipo, al resultado de la colaboración del equipo. En muchas organizaciones existe el reconocimiento y homenaje al trabajador del mes; sin embargo, en una organización con cultura generosa no se homenajea al empleado del mes, sino que se reconoce que todos los logros son el resultado de la colaboración interconectada.[26]

- **Liderazgo visible**

  Los líderes marcan fuerte impacto en la realización de las conductas deseadas para alcanzar los resultados. Un enfoque de liderazgo orientado a que se hagan las conductas necesarias ayudará a las personas a ejecutarlas; mientras que, si hay indiferencia por parte de los líderes, por más actividades motivacionales que se realicen no se hará la conducta. El liderazgo es visible; por ello, los líderes debieran dar el ejemplo en la conducta que se quiere realizar.

25 Clifton, K. y Harter, J. (2019) Editorial Reverté. España.
26 Hougaard R. y Carter J. (2024). *La mente del líder*. Editorial REM.

El rol del ambiente como sistema invisible

Entonces, no es que las actividades motivacionales no sirvan; lo que pasa es que no son suficientes para lograr que las personas apliquen las conductas de forma rutinaria. La próxima vez que usted, en su empresa, decida realizar actividades motivacionales, además de hacerlas, defina cómo creará un sistema o cómo ajustará el que ya tenga para apoyar a las personas en la realización de la conducta. Como dice James Clear en su libro *Hábitos atómicos*: «el ambiente es la mano invisible que moldea el comportamiento humano»,[27] y agrega que la manera más común de cambiar no es interna, sino externa (el mundo a nuestro alrededor nos cambia). En las organizaciones, el ambiente y los sistemas son las manos invisibles que permiten que los comportamientos se hagan.

El ambiente en donde se realizan las actividades de las personas condiciona que se haga o no un comportamiento. Esto se ve demostrado cuando los compradores adquieren productos por la forma en que están presentados: los productos que están colocados a un nivel que podamos ver sin mayor esfuerzo son los que más se venden. Por ejemplo, el 45 % de la venta de la Coca-Cola proviene específicamente de los productos que están colocados al principio de los pasillos.[28]

Que el ambiente y el sistema sean un motivador para que se realicen las conductas tiene su explicación en que la mayor cantidad de receptores sensoriales están dedicados a la vista.[29] Al depender de la vista para tomar decisiones y realizar las actividades, es de crucial importancia que, en las organizaciones, se diseñe un ambiente que motive a las personas a aplicar los requisitos de higiene personal (en la industria de alimentos) y que

27 Clear, J. (2018). *Hábitos atómicos*. Editorial Planeta.
28 Clear, J. (2018). *Hábitos atómicos*. Editorial Planeta.
29 Clear, J. (2018). *Hábitos atómicos*. Editorial Planeta.

mantengan el orden y la limpieza. Cuando una sala de proceso tiene acabados higiénicos, está pintada de forma clara y está demarcada para mostrar la ubicación de los objetos, se mantienen mayor higiene y orden que en ambientes que no son así.

A nivel personal, en nuestro hogar, nuestra conducta y hábitos están condicionados por el ambiente en donde vivimos; por ejemplo, usamos con mayor frecuencia la ropa que está más a la vista o comemos los alimentos que están más cerca.

> La motivación inspira, pero los sistemas de conducta sostienen.

La motivación genera impulso, pero son los **sistemas de conducta y el ambiente de trabajo los que sostienen y consolidan los comportamientos en el tiempo**. La próxima vez que una empresa planifique actividades motivacionales, debe preguntarse: ¿qué sistema estoy creando para que la conducta se mantenga después de que la motivación inicial se haya desvanecido?

10
No es suficiente tener jefaturas: deben ser líderes

El liderazgo no se trata de posición, sino de propósito.
JOHN C. MAXWELL

Durante mucho tiempo, la gestión en las organizaciones se entendió bajo el paradigma de **mando y control**: dar órdenes, imponer reglas y vigilar su cumplimiento. Sin embargo, hoy ese modelo está obsoleto. Las personas ya no responden de manera sostenible a la coacción o la obligación, sino al **compromiso**, al **sentido de propósito** y a la **influencia genuina**.

En el mundo actual, se espera que los colaboradores asuman sus responsabilidades con conciencia, se alineen con los valores de la organización y se comprometan con los objetivos colectivos. Nada de esto puede lograrse sin liderazgo, entendido como la capacidad de **influir en las personas**, tal como lo describe John Maxwell.[30]

> *La gestión de mando y control quedó atrás; hoy el liderazgo se basa en influencia y confianza.*

Pero la influencia solo se gana si existe **confianza**, y la confianza se construye con **integridad y coherencia**. Muchos quieren influir, pero pocos logran inspirar porque carecen de lo esencial: credibilidad y consistencia.

30 Maxwell, J. (2011). *Las 21 leyes irrefutables del liderazgo*. Editorial Grupo Nelson.

Ser jefe se basa en un liderazgo transaccional, como lo describe Bernard Bass en el modelo de liderazgo transformador, descrito por David Fischman;[31] este liderazgo se basa en una transacción entre el trabajador y el líder (jefe), siendo así el jefe un líder transaccional.

Figura 6. Los tipos de liderazgo.

Laissez-faire (liderazgo ausente)

Un jefe que simplemente se dedica a dar órdenes está en el nivel más bajo del liderazgo. Este tipo de líder está presente, pero no se relaciona con las personas, no decide, no motiva, no visiona.[32] No es común hoy en día encontrar estos líderes; sin embargo, un líder de este tipo suele ser autoritario con su personal y cree que el personal está para servirle a él. Es el liderazgo menos efectivo.

El liderazgo transaccional se basa en el intercambio, en la transacción entre el «líder» y el personal; este intercambio convierte al líder en un «negociante», y el trabajo se vuelve un

31 Fischman, D. (2005). *El Líder Transformados*. Aguilar Chilena de Ediciones S. A.
32 Fischman, D. (2005). *El Líder Transformados*. Aguilar Chilena de Ediciones S.A.

intercambio comercial: «te doy» a «cambio de algo». Cada parte busca su beneficio; esto podría traer desmedro en los resultados de la organización, ya que las partes se centran en sus beneficios y no necesariamente en los de la empresa ni en el cliente. Este liderazgo aún se basa en el ego, en el egoísmo, al buscar solamente intereses personales en las partes.

Una característica de un líder transaccional es que puede resolver problemas con su equipo, ya que es de beneficio mutuo. Si a este tipo de líder se le alinean las metas de la organización, suele cumplirlas. Otra forma de trabajar de estos líderes es basar su influencia en recompensas y castigos para lograr resultados. Una desventaja de este tipo de liderazgo es que, cuando no se logran los resultados, no se entrega la recompensa, lo cual trae desánimo; y, sumado a que puede haber castigo, la desmotivación es muy alta para el equipo, pudiendo no recuperarse.

Liderazgo transformador

El tercer nivel de liderazgo es el liderazgo transformador: se basa en transformar a las personas a niveles más elevados de moralidad y motivación,[33] en un sentido más amplio que el propio trabajo. Este tipo de liderazgo puede usar herramientas para mejorar la productividad; sin embargo, siempre se centra en las personas, en desarrollarlas y no solamente en entregarles información para que desempeñen su función.

La esencia del liderazgo

Al basarse en influencia, el liderazgo es el medio bajo el cual se puede hacer realidad, de manera eficaz y sostenible. Los jefes, además de preocuparse por transformar los recursos en

33 Fischman, D. (2005). *El Líder Transformados.* Aguilar Chilena de Ediciones S. A.

resultados, deben dirigir a las personas, ya que son ellas quienes logran transformar los recursos en resultados.

Para dejarlo más claro, una de las definiciones más precisas de liderazgo se describe así: «El liderazgo es el arte de influir sobre la gente para trabajar con entusiasmo en la consecución de objetivos en pro del bien común».[34]

Cuando trabajamos con personas, cuando queremos que la gente haga las tareas, nos encontramos siempre con dos dinámicas: la tarea y las relaciones humanas.[35] Es fácil que las jefaturas se orienten a las tareas en detrimento de las relaciones con su equipo de trabajo; si esto ocurre, uno de los síntomas es la alta rotación y el alto estrés del equipo. La clave está en que el liderazgo se basa en llevar a cabo las tareas fomentando las relaciones humanas.

> *El equilibrio entre la tarea y la relación humana define la efectividad del liderazgo.*

34 Hunter, J. (2024). *La paradoja.* 1ª Edición. España. Editorial Empresa Activa.
35 Hunter, J. (2024). *La paradoja.* 1ª Edición. España. Editorial Empresa Activa.

11
No es suficiente hacer inversiones en tecnología: debemos invertir en las personas

La tecnología impulsa procesos,
pero solo las personas impulsan el propósito.
ALBERTO IBAÑEZ NERI

Una forma de aumentar la productividad de las empresas es adquirir nuevos equipos, mejorar los equipos que se disponen, incorporar nuevas líneas de producción o incorporar nuevas áreas de producción; es decir, el foco se centra en la infraestructura. No estoy diciendo que no haya que invertir en esto ni que no sea importante. Obviamente es uno de los factores importantes; sin embargo, los equipos o la infraestructura que se adquieren dependen de las personas para que funcionen: las decisiones son humanas, no de las máquinas; la motivación de mejorar o no es de los humanos.

Otro tipo de inversión que suelen hacer las empresas es capacitar a su personal para que aplique habilidades técnicas y se centre en resolver problemas en el proceso operativo; sin embargo, esto no es suficiente: se debe invertir en las personas para que se desarrollen en el ámbito del liderazgo. Desarrollar líderes es la única actividad que ejerce un efecto compuesto sobre el tiempo, la influencia, la energía, la visión, la cultura, las finanzas y la misión de un líder.[36] La única forma de que una organización perdure es desarrollando a los líderes; si queremos resultados distintos, los líderes van a resolver la forma de tener resultados distintos. Los líderes cuidarán y desarrollarán a las personas; de esa manera, tendremos una empresa centrada en las personas.

Hay muchos ejemplos de que la mejor inversión es en las personas y no solamente en aspectos tecnológicos o de otra índole. Por ejemplo, la inversión en estrategias de *marketing* con grandes presupuestos no considera la capacitación del personal en atención al cliente; se invierte en metodologías de mejora de procesos con herramientas estadísticas, sin embargo, no se trabaja para mejorar el trabajo en equipo, en donde se lograría mejor coordinación para solucionar los problemas. Existiría una adecuada sinergia si, cuando se hagan inversiones en aspectos tecnológicos y de otra índole, se considera el factor humano para que esto funcione; de lo contrario, sería una inversión que podría no traer buenos resultados.

Otro aspecto del foco de la inversión de la empresa es que tienen planes de mejora de equipos de producción y de la infraestructura; sin embargo, no hay un plan de desarrollo o de mejora de las personas. Muchas empresas tienen programas de formación para que realicen mejor los procesos, para que sean eficaces haciendo funcionar las máquinas; esta inversión sigue siendo en el ámbito de los equipos de producción y procesos y no en las personas.

¿Por qué en algunas empresas no hay inversión en las personas? Esto puede suceder porque los líderes de las empresas están centrados en las metas y creen que la única manera de lograrlas es invirtiendo en tecnología. Si bien la tecnología es necesaria para la productividad, no es el único factor ni el más

36 Maxwell, J. (2020). *La mejor inversión de un líder*. Editorial Grupo Nelson.

importante; la tecnología se debe incorporar para que haga más sencillo el trabajo de las personas y, de esa forma, se lograrían mejores rendimientos productivos.

Los líderes existentes son los que casi siempre impiden el enfoque en el desarrollo de las personas; son los que casi siempre impiden que las organizaciones desarrollen una cultura centrada en el liderazgo.[37]

---

37 Maxwell, J. (2020). *La mejor inversión de un líder*. Editorial Grupo Nelson.

12
La cultura por defecto no es suficiente: debe ser diseñada

Si no entiendes la cultura de tu organización,
la cultura controlará todo lo que haces.
EDGAR H. SCHEIN

Toda organización posee una cultura, exista o no una intención consciente de construirla. Puede ser una cultura orientada a los costos, a la productividad, a la calidad o a la innovación. Sin embargo, cuando esta cultura no es diseñada deliberadamente, se genera por defecto, y una cultura por defecto tiende a ser caótica, contradictoria y carente de carácter.

Con frecuencia afirmamos que todo lo que ocurre dentro de una organización es por la cultura. Cuando las personas se equivocan o cuando logran resultados, solemos decir «es por la cultura»; es como si la cultura fuera un ente o una tercera persona que está haciendo de las suyas dentro de la organización. Solemos personificarla, tratándola como si fuera un compañero de trabajo o un miembro del equipo. Aunque esta percepción tiene su lógica, a menudo pasamos por alto el hecho de que la cultura reside en cada uno de nosotros y que nosotros mismos contribuimos a dar forma a esta «persona cultura». Cada integrante de un grupo o equipo de trabajo aporta un elemento o aspecto que contribuye a definir la cultura organizacional.

Lo percibamos o no, vivimos inmersos en una cultura. En nuestro grupo familiar hay una cultura; en un grupo de trabajo hay una cultura; en nuestra organización hay una cultura; en nuestra localidad o país en donde vivimos hay una cultura. Toda organización tiene una, ya que abarca todos los elementos presentes en ella: desde la forma en que interactuamos, realizamos procesos y tomamos decisiones, hasta la manera en que nos comunicamos, resolvemos problemas y transmitimos información.[38]

Cuando un grupo de personas persigue metas, resultados o simplemente se une para vivir (en el caso familiar, a pesar de que no hay metas declaradas, hay una motivación implícita de apoyo y valores que los unen), al interactuar mediante la comunicación y haciendo cada uno lo que le corresponde, incluso la forma de organizarse para realizar las tareas está condicionada por la cultura. La cultura se forma, aunque no la diseñemos: «la cultura se genera por diseño o por defecto, y el defecto se inclina hacia lo negativo».[39]

La influencia de las personas dominantes

La cultura es inherente a las organizaciones porque surge de la interacción entre las personas. Por esta razón, a menudo no es fácil de percibir a simple vista, a menos que realicemos un análisis de los patrones de comportamiento y definamos el tipo de cultura existente.[40] Cuando la cultura se genera, es tan poderosa que condiciona cómo se relacionan las personas, cómo se realiza el trabajo, cuál es el estilo de liderazgo y cómo se logran los resultados: la cultura fluye dentro del grupo de personas y hace que nos comportemos de una determinada forma.

Como dice Marilee Adams, si no se diseña la cultura, esta se genera por defecto. ¿Por qué la cultura por defecto no es positiva? Al formarse de manera natural y no intencional, la cultura

38 Ibáñez, A. (2024). *Cambia el comportamiento, cambia la cultura*. Editorial Ígneo.
39 Adams, M. (2022). *Cambia tus preguntas, cambia tu vida*. Editorial Reverté.
40 Ibáñez, A. (2024). *Cambia el comportamiento, cambia la cultura*. Editorial Ígneo.

está influenciada por las personas más dominantes; y una persona dominante puede ser el fundador de la empresa o alguien que se fue posicionando como líder dentro de la organización. Por ejemplo, a nivel familiar, la cultura de la familia está influenciada por los padres: ellos dictan (muchas veces de manera inconsciente) cómo se comunican los miembros y qué tareas hacen, incluso cómo resuelven conflictos; por ello se suele decir «veo a un niño y veo a sus padres». Los valores y los comportamientos de las personas dominantes moldearán la cultura de la organización. Sin embargo, esto aún no responde: ¿por qué una cultura no diseñada suele no ser positiva? La respuesta es compleja, pero, al ser la persona dominante del grupo quien influye —y como dice John Maxwell, el liderazgo se trata de influencia—, al principio las personas son influidas por lo que ven.

El liderazgo alcanza su nivel más bajo cuando solo se basa en la posición;[41] yo agregaría que la influencia, en un nivel más bajo, se basa en cuán dominante es la persona, ya sea por autoridad o por posición dentro del grupo. Si la persona que domina el grupo no tiene valores positivos (o, si están declarados, suele no vivirlos) o no desarrolla su liderazgo, va a influir con lo que conoce, y esto implica que la cultura no será positiva; por ejemplo, la forma de comunicación puede ser dar órdenes y que los demás acaten. Esto me pasaba a mí cuando lideraba a mi equipo: mi creencia era que las personas debían acatar lo que yo decía. Esto comúnmente causaba estrés en los integrantes del equipo. Tenía esa creencia porque así lo aprendí en mi entorno familiar y laboral, hasta que decidí, intencionalmente, formarme y vivir bajo los principios de liderazgo (esto ya hace más de 15 años).

---

41 Maxwell, J. (1997). *Seamos personas de influencia*. Editorial Grupo Nelson.

La dificultad de cambiar la cultura por defecto

Cuando algo está presente de manera constante y sin darnos cuenta de su presencia, tendemos a no ser conscientes de su influencia. Por esta razón, cambiar la cultura generada por defecto puede resultar difícil, ya que requiere el trabajo en equipo de todos los miembros de la organización; requiere cambiar de una mentalidad individual a una mentalidad colectiva; requiere cambiar la mentalidad de jefe a una mentalidad de líder; requiere cambiar del «yo» al «nosotros». Lo anterior implica que cambiar la cultura requiere un trabajo de mediano a largo plazo, con acciones orientadas a cambiar conductas basadas en principios de liderazgo.

Otro aspecto: para cambiar la cultura se deberá definir el sentido de urgencia del cambio. Sin este sentido de urgencia, todos los esfuerzos por cambiar las conductas no serán duraderos. Mejorar la cultura implica cambiar las conductas, la forma de comunicar, los procesos y otros elementos necesarios para tener la nueva cultura. Si no se aborda el cambio como parte del cambio de cultura, no se lograrán resultados en la mejora de la cultura.

Cultura organizacional: entre supuestos, valores y conductas

La cultura, si no se diseña, se genera por defecto; entonces, los comportamientos de las personas serán por defecto y no orientados hacia un ámbito que contribuya a los resultados de la organización (por ejemplo, cultura orientada a la inocuidad). Esto lleva a que las organizaciones tengan subculturas, lo que significa que un área puede estar orientada a costos, otra a productividad y otra a lo que determine el jefe directo. Para que la cultura tenga personalidad, esta debe ser intencionada.

Edgar Schein, considerado el padre del concepto moderno de cultura organizacional, define la cultura organizacional como «conjunto de supuestos y creencias aprendidas sobre los cuales las personas basan sus conductas diarias». Es importante destacar que en esta definición se incluyen los elementos «supuestos» y «creencias» como factores condicionantes que, una vez aprendidos, influyen en el comportamiento de las personas.[42] Esta relación se representa esquemáticamente en la Figura 1. Por esta razón, anteriormente mencioné que lo que se percibe de la cultura son los comportamientos o conductas.

Según la definición de Edgar Schein, las conductas diarias son consecuencia de los supuestos y creencias aprendidas. Por ello, si la cultura no se diseña y desarrolla, se genera por defecto, basada en las creencias y supuestos de las personas más influyentes; y la cultura generada por defecto no necesariamente es positiva —por ejemplo, para la calidad, para la inocuidad o para la seguridad laboral—, según el enfoque que quiera gestionar la organización. Para que la cultura no sea por defecto, sino por diseño, implica que las personas aprendan creencias y supuestos en los cuales basan su conducta; y acá está la clave para generar una cultura orientada a los propósitos de la organización. Para que las personas tengan creencias orientadas a los propósitos implica que alguien de la organización hará el esfuerzo de enseñarlas, revisarlas y mejorar el comportamiento orientado hacia los propósitos de la organización; y este alguien son las personas que dirigen la organización desde el más alto nivel.

Si se quiere tener una cultura orientada hacia un propósito, se debe diseñar considerando la incorporación de creencias en las personas. Estas creencias pueden ser generadas por las prácticas de valores que serán declarados y practicados dentro de la organización. Si no se practican los valores declarados, la cultura no se generará de manera intencional: seguirá siendo por defecto. Este es uno de los primeros errores en las organizaciones que

42 Schein, E. (2017). *Organizational culture and leadership* (5.ª ed.). Editorial Wiley.

definen valores y los comunican una vez y creen que con eso las personas ya estarán practicando los valores comunicados. Si no se reflexionan, si no se definen las conductas que implementan los valores y no se retroalimenta, la cultura con personalidad no se generará; y, si se hace por un periodo y luego se deja de retroalimentar y revisar si se viven los valores, la cultura generada se degrada hasta ser la cultura por defecto.

Al ser la cultura moldeada por creencias y supuestos que influyen en la conducta de los individuos, estas conductas generan lo que Edgar Schein denomina artefactos. Estos artefactos constituyen todo lo que puede ser percibido a nivel visual, auditivo y sensorial en una empresa. Por lo tanto, todos los aspectos visibles en el entorno empresarial, como la disposición física de las oficinas, la comunicación (tanto verbal como escrita, e incluso gestual), así como el ambiente laboral percibido, son ejemplos de estos artefactos que reflejan la conducta de las personas; es decir, son el resultado generado por las acciones y decisiones de las personas dentro de la organización. Los artefactos son el mejor descriptor de la personalidad de la cultura de una organización.

Los artefactos, que son los vestigios de la cultura, son parte de los niveles de la cultura que describe Edgar Schein, los cuales se representan en la Figura 2.[43] Estos artefactos son el nivel más alto de la cultura, ya que es lo que aflora de los otros niveles de la cultura organizacional; es el elemento cúspide que describe la personalidad de la cultura. Si no se observa claridad en el enfoque de la organización, los artefactos no tendrán esa claridad o dirán lo contrario, a pesar de que expresamente digamos que estamos orientados a los valores. Por ejemplo, las empresas suelen aplicar cuestionarios para definir el nivel de madurez de la cultura de inocuidad en la cadena alimentaria y estas muestran niveles altos de madurez; sin embargo, al observar los

---

43 Schein, P. (2017). *Organizational culture and leadership* (5.ª ed.). Editorial Wiley.

artefactos, se puede evidenciar que este nivel de madurez no es tal (si se declara que se tienen recursos para lograr un ambiente que prevenga la contaminación de los alimentos y se aplican las buenas prácticas para ello, al observar el ambiente en donde se producen los alimentos solemos encontrar superficies sucias o no mantenidas), mostrando contradicción entre lo declarado y los artefactos tangibles. Hemos constatado que las personas, cuando responden encuestas para definir el nivel de madurez de la cultura de inocuidad, suelen sobreestimar el cumplimiento de buenas prácticas en contraste con la observación de los artefactos, que suelen demostrar el efecto de la aplicación de las buenas prácticas de higiene o de manufactura.

> *Los artefactos son el espejo visible de la cultura: muestran la coherencia o contradicción entre lo declarado y lo vivido.*

Ya hemos mencionado que los artefactos son los elementos perceptibles de la cultura, tanto tangibles como intangibles. A nivel general, el comportamiento es el elemento visible de la formación de la cultura, que abarca tanto las acciones como los mensajes comunicados. La conducta debe ocurrir primero antes de que se generen los demás artefactos; por ejemplo, la decisión de adquirir un equipo de producción que tenga los materiales apropiados ocurre antes de la adquisición del equipo. Sin las decisiones, acciones y comunicaciones de las personas, los otros elementos culturales no se materializarían. Por lo tanto, enfocarse en cambiar los comportamientos necesarios para lograr una cultura con propósito (por ejemplo, en la industria alimentaria, una de las culturas dentro de la cultura organizacional que se deberá desarrollar es la cultura de inocuidad) debe ser el enfoque que, en el mediano y largo plazo, permitirá tener una cultura positiva de inocuidad (es decir, una cultura con personalidad orientada a la inocuidad, que es el caso de las empresas de la cadena alimentaria).

Modelo de 4 niveles de la cultura

Los comportamientos son los elementos clave que distinguen una cultura de otra; además, son los cimientos sobre los cuales se construyen y desarrollan los valores y, posteriormente, las creencias. En mi libro *Cambia el comportamiento, cambia la cultura: un enfoque para lograr inocuidad positiva,* propongo un modelo de cuatro niveles de cultura en donde agrego un nivel intermedio entre los artefactos y los valores en los tres niveles de la cultura organizacional de Edgar Schein, denominado «comportamiento». De esta manera, tendríamos un modelo de formación de la cultura basado en cuatro niveles, como se muestra en la Figura 7.

Figura 7. Los 4 niveles de la cultura de inocuidad.

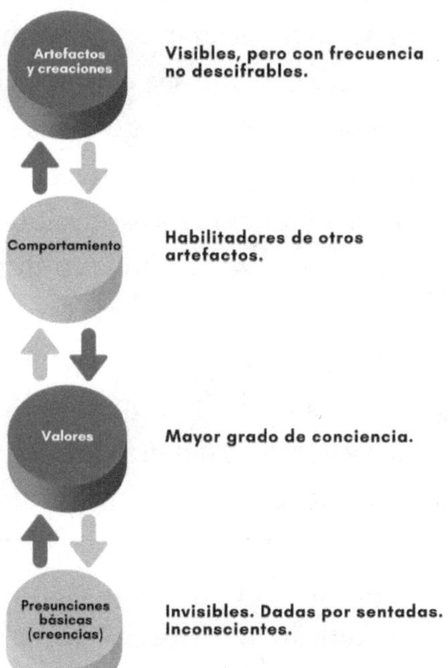

No se logrará tener una cultura que no sea por defecto si el trabajo no se orienta a cambiar y mejorar comportamientos en función del propósito que la organización determine. Según el modelo de 4 niveles de cultura, la conducta será influenciada por los valores y las presunciones básicas, y la conducta será la que genere los aspectos visibles de la organización (artefactos); por ejemplo, el tipo de infraestructura que tendrá, lo que se comunica, la forma de tomar decisiones y los recursos que serán asignados son generados por la conducta. Asimismo, la conducta repetida (convertida en hábito) es la forma de incorporar los valores en las empresas y que luego se pueden convertir en creencias; por ello, no es suficiente declarar el tipo de cultura que se quiere tener a través de la declaración de los valores: se deben definir las conductas necesarias que, de aplicarse de manera repetida, lograrán incorporar los valores y creencias en el mediano y largo plazo.

Pareciera ser que, para que se tenga un comportamiento de las personas de la organización orientado a un propósito, deberán primero instalarse las presunciones básicas y los valores y, de manera automática, las personas estarán comportándose enfocadas a la calidad o a la inocuidad, según sea el propósito de la organización. De esta forma piensan muchos gerentes cuando declaran los valores de las organizaciones: los comunican y esperan que las personas se comporten en función de esos valores. Sin embargo, pasa el tiempo y las personas siguen con la cultura que se generó por defecto, que continúa influyendo en el comportamiento y en los artefactos que se van generando en la organización.

No existe algo secuencial en la formación de la cultura. No basta con declarar los valores: se deberá trabajar en los comportamientos que deberán tener las personas, empezando por los líderes. Lo que sí puedo asegurar es que, en el mediano a largo plazo, si se trabaja en modificar el comportamiento de las personas, también se modifican los valores y las creencias. El cambio cultural solo puede lograrse al trabajar sobre la conducta.

No podemos penetrar en la mente de las personas y alterar sus supuestos y creencias. Declarar y trabajar con conductas orientadas hacia los valores no asegura que tengamos una cultura con personalidad; sin embargo, no declarar valores y no tener conductas orientadas a los propósitos de la compañía mantendrá una cultura por defecto.

Ahora bien, surge la pregunta: qué conductas deben modificarse y quién debe iniciar este cambio. Además, se cuestiona si es necesario que uno mismo cambie su conducta antes de exigir cambios en los demás. Las respuestas a estas preguntas variarán según el contexto en el que se encuentre la organización. Por ejemplo, si la empresa opera en un mercado altamente competitivo basado en precios, podría promover una cultura centrada en la reducción de costos. Por otro lado, si está inmersa en un entorno tecnológico avanzado, debería orientar su cultura hacia la innovación. La decisión sobre el tipo de cultura a fomentar recae en las gerencias, quienes son responsables de crear o modificar la cultura.

Si la gerencia toma decisiones sobre la cultura, implica que ellos mismos deben cambiar su comportamiento y ser los impulsores del cambio cultural. Sin embargo, es común que la gerencia a veces no siga las reglas que establece; por ejemplo, llegar puntualmente a las reuniones. A pesar de ello, suelen exigir este comportamiento a los demás, sin ser ellos mismos los primeros en modificar su conducta. Esta falta de coherencia puede generar desconfianza y resistencia al cambio dentro de la organización. Dentro de las personas de la organización, quienes tienen cargos de autoridad influyen fuertemente en la conducta de las personas.

> *El cambio cultural no es inmediato: requiere trabajo sostenido de mediano y largo plazo orientado a modificar conductas.*

Los tres factores que moldean la cultura

Sabemos que el tipo de cultura se evidencia en los artefactos que se generan desde las conductas orientadas por los valores de la empresa. Si clasificamos las conductas, se pueden evidenciar conductas que influyen en otras conductas y en otras personas distintas de quienes aplican las conductas influenciadoras.

Como dice Edgar Schein, la cultura organizacional es consecuencia del liderazgo. En la Figura 8 muestro tres elementos o conductas que aplican las personas que tienen autoridad en la empresa y que influenciarán fuertemente el comportamiento de las personas a partir de las decisiones que toman los líderes.

Figura 8. Los tres elementos influyentes en conducta

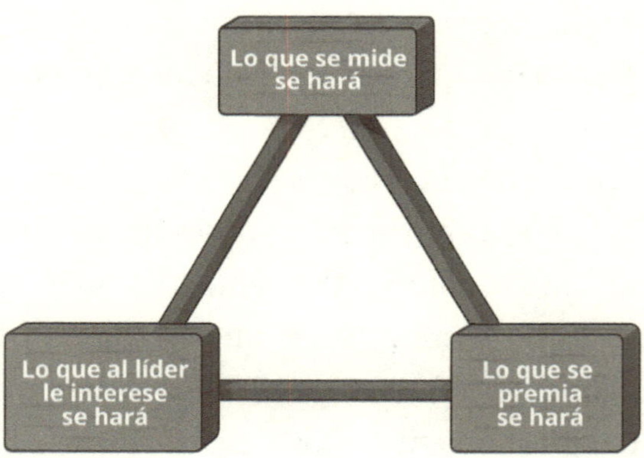

Lo que a los líderes de nivel superior les interese se hará: Dada la fuerte influencia que tienen los gerentes, dueños o directores de las empresas, lo que ellos muestren interés mediante sus decisiones y su conducta influirá directamente en la conducta del personal en todos los niveles. Las jefaturas intermedias alinearán sus acciones en función de lo que a sus líderes les interese, y estas jefaturas tomarán decisiones y tendrán conductas que influirán en sus equipos de trabajo, lográndose una influencia vertical, impulsada por los líderes de alto nivel.

Lo que se mide se hará: La decisión de qué medir influye en lo que se presta atención en los planes de corto y mediano plazo. Si se miden aspectos de productividad, las personas alinearán su comportamiento a lograr productividad solamente, dejando de lado otros aspectos que pueden ser claves para la sostenibilidad de la compañía; por ejemplo, la inocuidad en la industria alimentaria. La decisión de qué medir es de las personas que tienen autoridad en la organización; es decir, es una forma de manifestar interés por algunos temas que los líderes perciben como importantes.

Lo que se premia se hará: Lo que se premia es una decisión de la alta dirección de una organización y suele estar alineada a las mediciones de la organización. Si se mide productividad, se suele premiar el logro de las metas de productividad, y las personas alinearán sus conductas a lo que se premie o reconozca. La responsabilidad de los premios o reconocimientos suele ser de las jefaturas; por ello, es otra forma de que ellas influyan en la conducta de las personas.

Estos tres elementos son los pilares culturales que moldean las conductas de las personas. Incluso, si queremos cambiar el comportamiento de las personas, empezaríamos por estos tres elementos, lo que implica que los líderes de alto nivel empiecen a interesarse por el elemento que queremos que sea reflejado en la cultura; por ejemplo, la inocuidad. Luego, se deberá medir: definir indicadores y sus metas hará que las personas —empezando por las jefaturas— delineen sus planes, procesos y decisiones para lograr las metas definidas. Si a esto se define un modelo de premios en base al logro de las metas y de la aplicación de conductas orientadoras hacia una cultura con propósito, en el mediano a largo plazo podemos tener una cultura basada en comportamientos orientados al propósito para el cual se ha diseñado la cultura; y así dejaremos de tener una cultura por defecto y, en su lugar, tendremos una cultura por diseño.

Ya dejamos establecido que se debería modificar el comportamiento para cambiar la cultura. Esto debería responder a un diseño intencionado. Usualmente, esperamos que las personas cambien su comportamiento sin dedicar esfuerzo, tiempo o recursos para facilitar ese cambio, y sabemos que esto genera una cultura por defecto orientada a lo que las personas más influyentes necesitan.

Una cultura organizacional con propósito no surge espontáneamente. Requiere diseño intencional, coherencia en el liderazgo, definición de conductas clave y retroalimentación constante. De lo contrario, la organización quedará atrapada en una cultura por defecto, dominada por influencias circunstanciales y resultados poco sostenibles.

13
No es suficiente aumentar eficiencia, se debe asegurar la eficacia

No hay nada tan inútil como hacer con gran eficiencia algo que no debería haberse hecho en absoluto.
PETER DRUCKER

Según la Real Academia Española, eficiencia es la «capacidad de lograr los resultados deseados con el mínimo posible de recursos», mientras que eficacia es la «capacidad de lograr el efecto que se desea o se espera». Aunque ambas definiciones se relacionan con el logro de resultados, la diferencia es fundamental: la eficacia se centra en **alcanzar el resultado correcto**, mientras que la eficiencia mide **cómo se utilizan los recursos** para alcanzarlo.

Las empresas suelen definir sus resultados en términos de objetivos y metas. La eficiencia es la capacidad de alcanzar un objetivo utilizando la menor cantidad de recursos posibles, como tiempo, dinero, energía o esfuerzo. A diferencia de la eficacia, que se centra en lograr el resultado deseado, la eficiencia se enfoca en cómo se logra ese resultado, buscando maximizar el rendimiento y minimizar el desperdicio de recursos.

En términos simples, ser eficiente significa optimizar los recursos disponibles. Por ejemplo, si dos personas logran el mismo objetivo, pero una lo hace utilizando menos tiempo u otro recurso, esa persona ha sido más eficiente.

En términos de los resultados que busca la empresa, la eficacia es la capacidad de lograr un objetivo o un resultado deseado.

En términos simples, se refiere a hacer lo necesario para alcanzar una meta específica, independientemente de los recursos utilizados o el tiempo empleado. Es decir, si una acción, método o proceso logra cumplir con el propósito para el que fue diseñado, se considera eficaz.

Por ejemplo, si el objetivo es producir 100 unidades de un producto y se logran esas 100 unidades, el proceso es eficaz, ya que ha cumplido con su objetivo. Sin embargo, no se considera cómo se lograron esas unidades (si se utilizaron muchos recursos o se tardó mucho tiempo), lo cual diferenciaría la eficacia de otros conceptos como la eficiencia.

> *La eficacia asegura el resultado; la eficiencia optimiza los recursos.*

Tanto la eficacia como la eficiencia son ámbitos que una organización debería gestionar para ser viable. Muchas empresas se centran en ser eficientes, reduciendo costos o mejorando sus procesos para que, usando los mismos recursos, logren mayores resultados. Esto puede estar motivado por lo que Peter Drucker menciona: que la primera función de la gerencia es la realización económica (entendiendo a la gerencia como un órgano específico de la empresa que dirige a que la empresa logre sus resultados comerciales mediante el uso de recursos y su guía para transformar dichos recursos).[44] Este enfoque parecería indicar que lo que importa es la realización económica a toda costa, sin importar qué tipo de resultado es el que se logra.

Es importante el resultado y sus características, ya que, si no se cumplen, simplemente no se darán por satisfechos los requisitos del cliente. En el ámbito de la cadena alimentaria, si no se logra ser eficaces en el logro del objetivo en sus características

44 Drucker, P. F. (2012). *La gerencia de empresas*. Editorial Random House Mandadori S. A. Buenos Aires.

de calidad, inocuidad, legalidad y autenticidad, la empresa estará en problemas y estaría afectando a los consumidores (podría el alimento generar enfermedades y causar la muerte de personas). Hay enorme evidencia de que las empresas de la cadena alimentaria no son eficaces, al considerar que el 10 % de la población mundial se enferma por consumir alimentos contaminados; esto significa que alguna empresa de la cadena alimentaria no fue eficaz en lograr el alimento inocuo. En este contexto, si definimos la eficiencia sin considerar la eficacia, podemos estar entregando productos en el mercado que no cumplen los requisitos del cliente; sin embargo, podemos estar siendo eficientes.

> *Un proceso eficiente pero ineficaz es inútil; un proceso eficaz, aunque ineficiente, es mejorable.*

Peter Drucker nos dio una cita que refleja la necesidad de ser eficaces como condición necesaria para ser eficientes: «No hay nada tan inútil como hacer con gran eficiencia algo que no debería haberse hecho en absoluto».[45] Drucker enfatiza la importancia de la eficacia en el liderazgo y la gestión. La cita hace referencia a la idea de que no basta con hacer las cosas bien (es decir, con eficiencia), sino que es esencial hacer las cosas correctas. En otras palabras, no tiene sentido ser eficiente en tareas que no son necesarias o que no aportan valor, ya que lo verdaderamente importante es enfocarse en lo que realmente contribuye a los objetivos clave orientados a los clientes. Al cliente le interesa que se le cumplan sus requisitos acordados, y esto se logra siendo eficaces; al cliente no le interesa qué tipos ni cuántos recursos se utilizaron para satisfacer sus requisitos.

Después de que la empresa sea capaz de gestionar y lograr la eficacia, puede embarcarse en objetivos de eficiencia. Muchas

45 Drucker, P. F. (1967). *The effective executive (El ejecutivo eficaz)*. Harper & Row.

empresas tienen proyectos de eficiencia; sin embargo, primero deben asegurar que lograron ser eficaces respecto al cumplimiento de los requisitos y los planes de negocio; de lo contrario, no servirá de nada ser eficientes en algo que no es eficaz (que no cumple con los requisitos acordados).

> *El cliente no valora la eficiencia de la empresa, valora la eficacia en el cumplimiento de sus requisitos.*

En resumen, la eficacia se centra en el resultado, en alcanzar lo que se busca, y la eficiencia implica alcanzar el objetivo con el menor uso posible de recursos; sin embargo, no es suficiente ser eficientes como enfoque central de la gestión, debemos asegurar ser eficaces; de lo contrario, podemos ser muy eficientes en algo que no deberíamos haber hecho en absoluto, como lo cita Peter Drucker.

Para ser eficaces, la empresa deberá definir el resultado que quiere lograr en términos del producto, junto a las características que deberá tener. Si no se define esto, la productividad solamente estará relacionada con el volumen producido. En el caso de un alimento, además de producir el volumen necesario, este deberá cumplir con los requisitos de inocuidad, legales, de calidad y ser auténtico. De no cumplirse una de estas dimensiones, a pesar de que se cumpla con la cantidad, no se debiera considerar que la empresa ha sido productiva (eficaz en este ámbito).

14
No es suficiente certificar un sistema, este debe vivirse

Los sistemas sin propósito son cuerpos sin espíritu.
ALBERTO IBAÑEZ NERI

Muchas empresas suelen aplicar normas de gestión; estas normas tienen diversos alcances dependiendo del tipo de industria en donde estén. Por ejemplo, si están en la cadena alimentaria, suelen aplicar el sistema HACCP (Análisis de Peligros y Puntos Críticos de Control) y normas de gestión alimentaria (por ejemplo, BRCGS Food, IFS Food, FSSC 22000).

La decisión de disponer de un sistema de gestión basado en alguna norma de gestión y certificarlo muchas veces es influida por el cliente. El cliente lo manda como una condición de negocio. Las empresas inician el proyecto y empiezan a implementarlo, pero no se preguntan cómo les beneficiará, más allá de responder a una necesidad específica del cliente que exige la implementación de una norma de gestión. Los clientes demandan que se estandaricen los procesos a través de estándares de gestión y esto con la finalidad de tener confianza en que los procesos de la organización serán capaces de lograr productos que cumplan sus requisitos y la ley de manera sostenida. Sin embargo, si es la única razón, un sistema de gestión que se estructura en la organización va a ir directo al fracaso porque no se tiene un porqué sólido.

> *Un sistema de gestión bajo estándares sin propósito sólido está destinado al fracaso.*

Cuando las empresas incorporan estándares de gestión, usualmente logran certificarlo por organismos certificadores mediante un proceso de auditoría que verifica el cumplimiento o no de los requisitos. Una práctica común de las empresas es que, para certificar y mantener el estatus de certificación, se preparan para atender la auditoría, por ejemplo, reajustando registros, realizando controles, haciendo limpieza de las áreas, capacitando al personal. Esto lo suelen hacer entre uno o dos meses antes de la auditoría; sin embargo, el resto del tiempo algunas de las actividades comprometidas en la gestión estandarizada no se realizan: no se vive el sistema. Algunas empresas incluso agregan metas de «cero» incumplimientos evidenciados en la auditoría o dan bonos por lograr certificarse. Esto hace que se preste atención en la auditoría de certificación y no en la ejecución de los procesos de forma rutinaria dentro del marco de la gestión estandarizada.

> *Certificar no es el fin; el verdadero valor está en la cultura de gestión cotidiana.*

La necesidad de que los procesos funcionen de manera sincronizada y estandarizada es una condición básica para que se entreguen productos que satisfagan las necesidades. Este enfoque debería estar alineado a que los procesos contribuyan a los objetivos de negocio. Este alineamiento se hace, usualmente, mediante el desglose de objetivos desde los objetivos de alto nivel hacia los objetivos de rendimiento de proceso y luego planificando acciones e incorporándolas en los procesos para lograr estos objetivos.

Por otro lado, el tener estandarizados los procesos implica que se estandarizan las responsabilidades que aplican las personas en los procesos, y esto requiere que estas apliquen tareas que aseguren que el proceso logre los resultados; dichas tareas deberían estar definidas según los objetivos que se hayan establecido.

Un aspecto clave para que los procesos y sistemas funcionen según los estándares definidos, y que es parte de vivir el sistema, es que debería hacerse seguimiento de las variables de los procesos y de los indicadores y metas de los objetivos. Para esto, se deberá diseñar un plan de medición y seguimiento de variables con sus métodos de aplicación. Una instancia clave del seguimiento de la eficacia de los procesos y sistemas de gestión son las auditorías que se deberían aplicar, respaldadas por la dirección de la organización; la información obtenida debería ser usada para mejorar los procesos, dar reconocimientos y asignar recursos. Hacer lo anterior implica que la organización ha desarrollado competencias en los ámbitos de gestión y requerirá decisión de los líderes de la organización para funcionar según los estándares.

Figura 9. Pasos del método PDCA (*Plan, Do, Check, Act*)

Para que una organización no solo tenga un sistema certificado, sino que este sea vivido por las personas, el método que se suele aplicar, no solo una vez, sino como parte de la forma de hacer gestión, es el ciclo que en sus inicios se conoció como ciclo de mejora continua y que hoy es el ciclo de la gestión. La secuencia está formada por 4 pasos.

Si estos se hacen de forma disciplinada, en especial por las jefaturas que tienen procesos que deberían ser gestionados, se vivirá el sistema en los procesos. El ciclo de la gestión se puede aplicar en los diversos niveles de la organización, por ejemplo, a los procesos, proyectos, planes de gestión y a la organización completa.

El ciclo de la gestión no puede ser aplicado si no se desarrollan conocimientos para tener gestores competentes. Los ámbitos de mejora de competencias que se pueden trabajar son: planificación, evaluación de riesgos, control de gestión mediante objetivos, métodos de solución de problemas y conocimientos de dirección de personas (liderazgo).

Es importante que los sistemas de gestión estandarizados se vivan en los procesos, ya que estos son el elemento central; son los órganos que deben funcionar de forma eficaz para que los resultados sean alcanzados. De esta forma se estará viviendo el sistema que se certifica y que es parte de la gestión diaria y no solamente cuando hay auditorías; por ello, no es suficiente certificar un sistema de gestión: este debe vivirse todos los días.

Tabla comparativa entre solo certificar o vivir el sistema

Certificar	**Vivir el sistema**
Prepararse solo para la auditoría es vivir de la forma equivocada la gestión.	La gestión debe vivirse todos los días, no solo cuando hay auditoría.
El enfoque está en cumplir requisitos para mantener el certificado.	El enfoque está en lograr resultados sostenibles y alineados al negocio.
Los procesos se ajustan de forma puntual antes de la auditoría.	Los procesos se ejecutan de manera disciplinada y continua.
Se busca «cero no conformidades» como meta en la auditoría.	Se busca la mejora continua aplicando el ciclo PDCA (*Plan, Do, Check, Act*).
La certificación es vista como un fin.	La certificación es una consecuencia de vivir el sistema, no el fin.
La atención se centra en documentos y evidencias.	La atención se centra en las personas, los procesos y los resultados.
Se recompensa aprobar la auditoría.	Se reconoce la gestión eficaz y la mejora continua en el día a día.

15
No es suficiente tener planes de gestión, estos deben actualizarse

La gestión eficaz no consiste en tener planes perfectos,
sino en mantenerlos vivos frente al cambio.
ALBERTO IBAÑEZ NERI

Cuando se dispone de sistemas de gestión con normas de gestión, o cuando las empresas quieren estabilizar sus procesos, usualmente documentan planes de gestión para ayudar a que los procesos se ejecuten de forma eficaz. Algunos de los planes de la gestión, en especial en la cadena alimentaria, que se incorporan a la gestión son:

- Plan HACCP
- Plan de control de calidad
- Plan de mantenimiento
- Plan de defensa alimentaria
- Plan de mitigación del fraude alimentario

Un plan de gestión se estructura para que funcione en un contexto organizacional, en una realidad en donde opera la organización, y esta realidad está definida por los requisitos legales, los requisitos del cliente, por la tecnología usada en los procesos y la disponibilidad de los recursos que se tienen cuando se diseña el plan de gestión, por las normas de gestión, por las competencias de las personas, entre otros factores. Este marco bajo el cual se diseñan y aplican los planes de gestión no suele ser estático: es cambiante.

Por ejemplo, las legislaciones que debe cumplir la organización suelen actualizarse; se hacen cambios en los procesos (se incorporan nuevos equipos, por ejemplo); se incorporan nuevos productos o se hacen cambios en estos (ya sea que el cliente lo solicite o por necesidades identificadas para responder al mercado); o las normas de gestión se actualizan; o hay rotación del personal; o hay necesidades de mejoras y prioridades que identifica la dirección de la organización. Muchas veces un motivador de cambios es un incidente en el mercado, que puede ser un reclamo, un retiro de mercado o incidentes internos que pueden afectar a los procesos y a los productos o servicios que se proveen.

Al ocurrir estos cambios, los planes de gestión se vuelven obsoletos, porque fueron diseñados para ejecutarse en un contexto distinto del que se tiene tras los cambios. De forma normal, los responsables de los planes de gestión y de los procesos tratan de ajustarse a la nueva realidad; sin embargo, si no es analizada, la adecuación podría no ser eficaz.

Por lo que no es suficiente con diseñar planes e implementarlos una vez: estos se deben revisar, rediseñar e implementar cada vez que se hagan cambios dentro de la organización, como, por ejemplo, cambios de materias primas, cambios de proveedores, cambios en los procesos o cambios en la estructura organizacional. Y muchas veces también las normas de gestión establecen la frecuencia para hacer mejoras de los planes de gestión. Con frecuencia establecemos solamente una vez el plan, lo implementamos y luego lo abandonamos, y esto no es suficiente para que seamos eficaces en la gestión.

> *Los planes de gestión son herramientas vivas, no documentos estáticos.*

Cuando estemos frente a un cambio, se debería realizar el siguiente proceso:

- **Revisar las áreas de impacto del cambio**: un área de impacto puede ser el producto, los procesos, los clientes o el sistema de gestión.
- **Analizar las consecuencias**, tanto en los productos, los clientes y en la organización; se deberían considerar las consecuencias en el cumplimiento de los requisitos que son de responsabilidad de la organización.
- **Determinar los elementos del sistema de gestión que deberían ser actualizados**. No necesariamente requerirá que se actualicen todos los elementos del plan.
- **Actualizar los elementos necesarios y aplicar el cambio**. La aplicación del cambio incluye la transferencia del plan actualizado al personal responsable de las actividades mediante entrenamiento.
- **Confirmar la eficacia**, mediante revisiones, inspecciones o auditorías.

Usualmente los cambios traen nuevos riesgos o modificación de los existentes, los cuales deberían tratarse de forma especial, ya que esto podría llevar a cabo nuevos controles dentro de los procesos, lo cual es un tipo especial de cambio que debemos abordar.

En conclusión, un plan de gestión no es un documento estático, sino una herramienta viva que debe adaptarse de manera dinámica al entorno. Solo así la gestión será realmente eficaz.

16
No es suficiente el organigrama, es necesario enfocarse en procesos

Los organigramas ordenan el poder;
los procesos conectan a las personas.
ALBERTO IBAÑEZ NERI

Tradicionalmente, el **organigrama** ha sido la herramienta básica para organizar el trabajo dentro de las empresas. Un **organigrama** es una representación gráfica de la estructura de una organización, que muestra las relaciones jerárquicas entre los diferentes roles y departamentos. Se utiliza para visualizar cómo se distribuyen las responsabilidades y la autoridad dentro de la organización. Los organigramas tradicionales suelen ser piramidales, con los niveles más altos de autoridad en la parte superior (como la dirección ejecutiva) y los niveles inferiores (como los empleados de línea) en la base. Al ser piramidal, es más sencillo ejercer el mando y control por parte del jefe que está a cargo de un grupo de personas que trabajan bajo un mandato.

El organigrama tradicional ha sido criticado por ser **rígido y poco flexible** en comparación con las demandas actuales del entorno empresarial. Algunos de los motivos por los que se considera obsoleto son:

1. **Falta de flexibilidad**: los organigramas jerárquicos suelen tener estructuras muy rígidas, lo que dificulta la adaptación a los cambios rápidos del entorno empresarial actual.

2. **Centralización del poder**: en las organizaciones tradicionales, la toma de decisiones está concentrada en la parte superior, lo que puede ralentizar los procesos y reducir la agilidad de la organización.
3. **Fragmentación**: los organigramas tienden a dividir a la organización en silos o departamentos separados dirigidos por una persona que dispone del poder, lo que puede limitar la colaboración y la comunicación transversal entre las áreas.
4. **Desconexión de la realidad**: en muchas organizaciones modernas, las relaciones laborales y las dinámicas de trabajo no siempre siguen líneas jerárquicas claras. Las relaciones transversales y los equipos multidisciplinarios no se reflejan en un organigrama convencional.
5. **Enfoque en la posición, no en las competencias**: el organigrama tradicional se centra en las posiciones y jerarquías, en lugar de en las habilidades y capacidades de los empleados, lo que puede limitar el desarrollo y uso efectivo del talento.

Entonces, actualmente ya no es suficiente tener organigramas como la forma de organizar el trabajo; en su lugar se pueden usar diversos nuevos enfoques que se disponen. Sin embargo, no voy a detallar esos modelos o enfoques; en lugar de ello, propongo que se complemente la estructura mostrada en el organigrama con el enfoque de gestión basado en procesos.

El enfoque a procesos

El enfoque a procesos consiste básicamente en identificar y gestionar los procesos y sus interacciones.[46] Si se hacen funcionar

46 ISO. (2015). *ISO 9001: Requisitos para el sistema de gestión de la calidad*. Organización Internacional de Normalización.

los procesos de forma que interactúen, tenemos un sistema de gestión basado en procesos.

Un proceso consiste en un conjunto de actividades que transforman entradas en resultados.[47] Nótese que en esta definición se mencionan tres elementos del proceso:

- Las actividades, que reciben las entradas y las transforman en los resultados previstos.
- El trabajo entendido de manera horizontal, conectando áreas y personas hacia un mismo resultado.
- La visualización del trabajo y del valor que se da a los clientes de manera horizontal; mientras que, cuando pensamos en la estructura basada en un organigrama, imaginamos que la jerarquía importa y se debe dar pleitesía al jefe máximo de la pirámide, en el enfoque a procesos nos orientamos al cliente, quien recibe el producto o el servicio.

Figura 10. Modelos vertical y horizontal para la gestión.

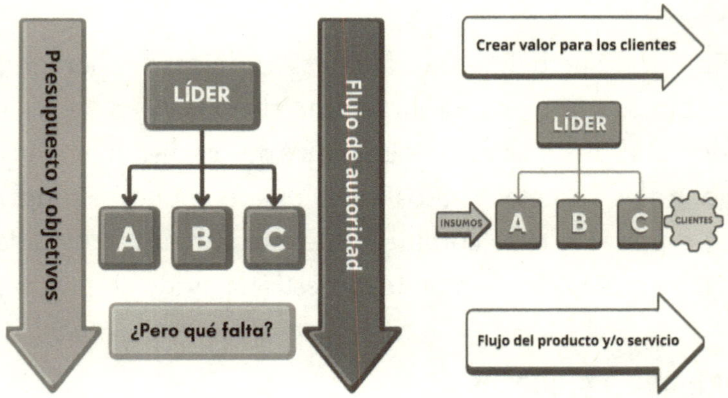

La definición de proceso menciona que es un conjunto de actividades; las actividades que deberá tener un proceso

47 ISO. (2015). *ISO 9000: Fundamentos y vocabulario*. Organización Internacional de Normalización.

dependerán de la importancia de la salida para el resultado final que reciba el cliente. Por ejemplo, es posible que se defina a las actividades que se necesitan para obtener el mezclado de las materias primas como un proceso, por lo que su salida principal serán las materias primas mezcladas según su receta, dado que la mezcla homogénea de los ingredientes es un resultado preliminar importante a controlar; si no se cumplen los requisitos de mezclado, el producto final no cumpliría los criterios.

Otro beneficio de enfocarse en procesos implica que se hará gestión de cada proceso; así, si en una empresa se tienen 30 procesos, tendremos que gestionar los 30, y esto llevará a que la empresa mejore su eficacia respecto al cumplimiento de los requisitos del cliente.

Relación entre organigrama y procesos

Al considerar usar el enfoque de procesos para gestionar la organización, no implica que debamos eliminar el organigrama: este representará la forma de organizarse para que se ejecuten los procesos. La relación entre las áreas y los procesos se da en que las áreas ayudan a organizar los roles y autoridades que son necesarios para que el proceso funcione; sin embargo, se deberá tener cuidado de no perder el enfoque en el cliente (que es lo que entrega el enfoque a procesos) y reemplazarlo por el enfoque en el jefe (modelo de gestión basado en el organigrama).

El enfoque de procesos es de vital importancia, tanto que la norma ISO 9000 lo considera como uno de los principios para la gestión y menciona que «se alcanzan resultados coherentes y previsibles de manera más eficaz y eficiente cuando las actividades se entienden y gestionan como procesos interrelacionados que funcionan como un sistema coherente». En la declaración de este principio se mencionan dos promesas cuando nos enfoquemos en procesos: eficacia y eficiencia en alcanzar los resultados.

El modelo de organigrama tradicional se centra en el **mando y control**, lo que genera rigidez. En contraste, el **enfoque a procesos** centra la atención en el cliente, en la generación de valor y en la interacción de actividades que aseguran resultados sostenibles.

17
No es suficiente definir valores, se tienen que compartir y vivir

Los valores no se enmarcan en las paredes,
se encarnan en las decisiones.
ALBERTO IBAÑEZ NERI

Una organización existe para alcanzar resultados que se han definido en el más alto nivel. Estos resultados serán alcanzados si se trabaja coordinadamente, si las personas se relacionan mutuamente en torno a los procesos para lograr los resultados. Dicho de otro modo, las personas en una organización se definen por las relaciones que las vinculan. Si estas relaciones no se vinculan a través de los valores, simplemente no hay relaciones buenas entre las personas y se pierde la confianza; por ello, no es suficiente con definir los valores y tener la intención de que las personas se relacionen: los valores deben ser compartidos y practicados por las personas.

No hay ninguna organización que no haya definido valores. Los fundadores o los gerentes y directores son quienes definen los valores que quieren que se practiquen; usualmente se practican, en especial por el fundador; sin embargo, con el pasar del tiempo, los valores no son practicados: solamente quedan escritos y anunciados en los muros de la organización. Al no hacerse el esfuerzo por reflexionar y practicar los valores, estos se van reemplazando por otros valores que podrían ser incluso negativos para la organización.

Al preguntar a las personas por los valores de las empresas, suelen señalar dónde están escritos, pero no son capaces de explicar cómo los practican o no son capaces de relacionar sus acciones con esos valores.

Una contradicción que suele ocurrir en las empresas es que los valores de la empresa pueden no ser los que las personas comparten y practican. Por ejemplo, suelo encontrar estos valores en las empresas: mejorar continuamente, trabajar en equipo, ser excelentes. Estos valores son definidos desde el más alto nivel de la organización; sin embargo, preguntémonos si las personas que integran la organización practican estos valores al menos dentro de la organización. No suelen ser practicados; la evidencia es abrumadora de que, por ejemplo, el valor de «trabajar en equipo» no es aplicado: los departamentos son compartimentos aislados, siguen sus propios resultados; las jefaturas de departamentos no se relacionan para coordinar y revisar en conjunto los resultados y evaluar cómo se afectan mutuamente.

¿Qué une a las personas en la organización cuando no lo hacen los valores? La respuesta tiene varias aristas; una de ellas es que las metas a lograr son lo que une a las personas cuando no hay valores. Otro factor que une son las necesidades básicas de lograr resultados en los procesos y recibir reconocimientos. No es suficiente tener una meta común, que la mayoría de departamentos en una organización suele reconocer: es necesario que se compartan los valores como una forma de unir a las personas. Al no tener valores comunes, cada área definirá qué es lo importante para ellos y qué valores practicarán; esta influencia la ejercen fuertemente las jefaturas. Cada departamento puede tener sus resultados; sin embargo, no son los que se necesitan para la sostenibilidad de una organización en el largo plazo.

> *Los valores que no se practican se reemplazan por otros, muchas veces negativos.*

¿Por qué son importantes los valores practicados? John Maxwell lo explica con claridad: «Los valores organizacionales influyen y guían el comportamiento del equipo del mismo modo en que los valores personales influyen y guían el comportamiento de un individuo».[48] Si los valores organizacionales no se predican y practican, se vuelven incoherentes frente a los valores individuales y dejan de tener impacto.

Como mencioné anteriormente, podría suceder que los valores organizacionales sean dispares o contradictorios con los valores individuales. Por ejemplo, en el valor organizacional «mejorar continuamente», podría ocurrir que el individuo no crea en esto, que haga acciones en el día a día y que no reflexione en los resultados ni ajuste el comportamiento para mejorar, o simplemente que no revise si las acciones que realiza se hacen según el plan. En este caso, sencillamente este valor organizacional no encaja con el valor individual. ¿Qué hacer en este caso? Los valores organizacionales deben ser predicados y practicados deliberadamente. Lo primero implica que el mensaje del valor debe ser difundido por los gerentes y jefes de áreas; lo segundo puede requerir mayor energía para ponerlo en práctica, lo que implica que se deben dar las condiciones para que se aplique. Siguiendo con el ejemplo del valor organizacional «mejorar continuamente», para que este se aplique deben ocurrir cuatro condiciones:

1. Relacionarlo con resultados visibles y beneficios concretos.
2. Definir acciones claras con recursos asignados.
3. Revisar y retroalimentar periódicamente los avances.
4. Enseñar a las personas cómo aplicarlo en su trabajo diario.

48 Maxwell, J. (2008). *Las 17 leyes incuestionables del trabajo en equipo.* Editorial Grupo Nelson.

En el caso del valor de «mejora continua», se deberá formar al personal en las técnicas de solución de problemas y en la medición de la eficacia.

Según lo que hemos visto hasta ahora, un valor organizacional es un comportamiento esperado que dirige las conductas diarias de las personas en los procesos de las organizaciones. Estas conductas deben ser intencionadas, lo que implica que los líderes deben tener la intención de que se practiquen, dirigiendo la conducta de las personas mediante los valores.

> *Para que los valores sean vividos, se deben predicar y practicar.*

Los valores añaden valor a la gestión

Los valores que se establecen no son para quedarse escritos: se deben pasar a la acción (p. 194).[49] Solo pasando a la acción los valores organizacionales añaden valor a la organización. Los valores organizacionales se pasan a la acción motivados principalmente por los líderes a cargo; si ellos no los traducen a acciones concretas, los valores se quedarán pegados en los muros, sitios web o manuales.

Cuando son compartidos por las personas, se convierten en la base de la confianza entre ellas. Cuando en las organizaciones no se den los resultados a pesar de los esfuerzos, la identidad en los valores hace que las personas permanezcan unidas.

Los valores son la guía de las acciones; al ser compartidos los valores organizacionales, guían en el actuar bien, guían el comportamiento correcto. Esto implica, también, que los valores se convierten en reglas intransables, más allá de las reglas de procesos o comerciales.

49 Maxwell, J. (2008). *Las 17 leyes incuestionables del trabajo en equipo*. Editorial Grupo Nelson.

Los valores compartidos son visibles a través del comportamiento, lo que atrae a las personas que los comparten: es como un imán que atrae a los metales. Es la mejor forma de atraer talento a la organización. Todas las personas quieren trabajar en organizaciones cuyas acciones se basan en valores.

18
No es suficiente la intención, es necesaria la acción

La intención abre el camino,
pero solo la acción deja huella.
Alberto Ibañez Neri

Todas las empresas tienen objetivos y metas que pretenden lograr; definen planes estratégicos, definen presupuestos para lograr los resultados. Muchas empresas se apoyan en sus planes para alcanzar resultados, mientras que otras no.

Las políticas establecidas y los objetivos con sus metas son intenciones; sin embargo, estas intenciones no son suficientes para tener éxito o simplemente alcanzar los resultados deseados. Además de tener las intenciones, se debe actuar: se deben aplicar las acciones definidas con un liderazgo que sea capaz de motivar y aunar esfuerzos frente a un objetivo común.

Tener metas claras es necesario, pero no suficiente. Muchas empresas miden sus resultados periódicamente; sin embargo, mirar los resultados no hará que estos se logren. La única manera de alcanzarlos es con un trabajo decidido y enfocado en esos resultados, que se planee cada día. Por ello, una vez establecidas las metas (intenciones), «olvídese de las metas» y concéntrese en estructurar sistemas, estandarizar procesos y sostener la disciplina organizacional, más allá de simples declaraciones de intención.

> *Las intenciones no son suficientes; la acción es la que convierte las metas en resultados.*

Tomar acciones para alcanzar los resultados implica alinear cuatro elementos fundamentales:

- **Competencias de las personas**, para asegurar que cuenten con los conocimientos, habilidades y actitudes necesarias.
- **Responsabilidades claramente definidas**, que orienten la acción hacia los resultados esperados.
- **Recursos suficientes y adecuados**, que van desde la información hasta los materiales y la tecnología necesarios.
- **Un liderazgo sólido**, capaz de motivar, inspirar y guiar a todos hacia un objetivo común.

Figura 11. Tomar acciones para alcanzar resultados.

Al establecerse los resultados a alcanzar, se debe continuar con el plan de acción específico; de ahí se derivan las responsabilidades, para luego definir las competencias con las que deben contar las personas. No son suficientes solo las responsabilidades y competencias; por ello se requiere proveer recursos suficientes en función de los resultados que se desean alcanzar.Los recursos pueden abarcar desde información hasta materiales, equipos o utensilios necesarios. Todas las personas necesitan ser dirigidas; por ello, deberá apoyarse en un liderazgo sólido para conducir a las personas hacia el logro de los resultados.

La empresa debería asumir la responsabilidad por sus resultados; para que esto suceda, debería tomar decisiones. Lograr los resultados no son actos al azar: requieren energía, recursos y competencias enfocadas.

Además, ningún sistema prospera sin compromiso. El compromiso genera acción, y la acción nace no solo de la planificación racional, sino también del anhelo: el anhelo de los líderes por alcanzar los resultados y el de todas las personas que integran la organización por contribuir a un propósito noble. Ese propósito se refleja en la misión, que inspira y da sentido al esfuerzo colectivo.

19
No es suficiente hacer inducciones, se debe capacitar al personal

Un líder no entrega tareas, desarrolla capacidades.
ALBERTO IBAÑEZ NERI

El ciclo de gestión de personas inicia con la determinación de necesidades de personal. Cuando se contrata a una persona, se suele aplicar un proceso de ingreso que, entre otros temas, incluye la inducción.

La inducción de los empleados implica proporcionar a los trabajadores nuevos la información básica sobre los antecedentes que requieren para trabajar en su organización; entre otras, las normas que la rigen.[50]

La inducción cumple un rol importante para dar la bienvenida, transmitir la cultura organizacional y facilitar la integración inicial.

Algunos componentes típicos de un programa de inducción incluyen:

- **Bienvenida institucional**: mensaje de la gerencia o recursos humanos.
- **Historia y propósito de la organización**.
- **Políticas clave** (calidad, inocuidad, seguridad laboral, medioambiente).

50 Dessler, G. (2009). *Administración de recursos humanos* (11.ª ed.). Editorial Pearson.

- **Estructura organizacional**: organigrama, áreas y responsables.
- **Normas de trabajo**: horarios, vestimenta, uso de EPP, procedimientos de reporte.
- **Capacitación inicial específica**: relacionada con el puesto (ejemplo: en una planta de envasado de alimentos, capacitación en GMP, HACCP, control de alérgenos).
- **Recorrido por la planta o instalaciones**.
- **Asignación de un tutor o compañero guía** para el acompañamiento inicial.

Según los temas anteriores, un programa de inducción entrega una cantidad considerable de información que, en general, es abrumadora para la mayoría de personas que ingresan, al margen del nivel jerárquico al cual ingresan. En un programa de inducción no se podrán entregar los conocimientos a detalle acerca del puesto de trabajo del nuevo integrante del equipo; por ello, no es suficiente: se debe pasar a la capacitación dirigida a que mejore sus competencias en el puesto de trabajo.

Es común que una persona que se contrató no logre los resultados y, en muchos casos, se desvincule a la persona por no haber sido competente en el puesto. Un factor carente para este resultado es la capacitación, cuya responsabilidad debe haber recaído en el jefe directo. Para que una persona contratada sea competente en su puesto se requiere, además de las clásicas inducciones, que:

- Se capacite según un plan definido para su puesto, considerando la competencia de base que trae.
- Reciba seguimiento desde la jefatura directa. La jefatura directa es la responsable de la capacitación de la persona nueva para que logre competencia.

- Se evalúe la eficacia de la capacitación, considerando el desempeño en el puesto.

Si una persona nueva no logra ser competente en su puesto, gran parte de la responsabilidad debiera recaer en su jefatura directa.

La **capacitación en el puesto de trabajo** es un proceso de enseñanza y acompañamiento en el que una persona recién contratada aprende directamente en el lugar donde realizará sus funciones, aplicando conocimientos de manera práctica y supervisada hasta alcanzar la **competencia laboral**.

No se trata solo de transmitir información, sino de **guiar al colaborador para que adquiera las habilidades técnicas, conductuales y de seguridad necesarias** para desempeñarse con eficacia, calidad y autonomía.

> *La inducción orienta, pero la capacitación desarrolla competencias.*

Los componentes clave del proceso de capacitación a personal nuevo podrían abarcar:

Orientación inicial

- Explicar las responsabilidades del cargo.
- Presentar al equipo y al entorno físico de trabajo.
- Detallar las normas básicas de seguridad, higiene e inocuidad (en el ámbito de producción de alimentos).

Entrenamiento práctico guiado

- El trabajador observa cómo un colaborador experimentado realiza las tareas.

- Se le permite ejecutar bajo supervisión, recibiendo retroalimentación inmediata.
- Se aplican procedimientos estándar (SOPs, *checklists*).

Transferencia de conocimiento tácito

- El tutor comparte experiencias y criterios que no siempre están en manuales.
- Se refuerza la importancia de la calidad, la inocuidad (en el ámbito de producción de alimentos) y la cultura de la organización.

Evaluación progresiva de competencias

- Se mide si la persona sabe **qué hacer, cómo hacerlo y por qué es importante hacerlo de esa manera**.
- Se aplican listas de verificación de competencias (tiempos, precisión, seguridad, cumplimiento de normas).

Retroalimentación y refuerzo

- Se corrigen errores en el momento. Se da refuerzo positivo para que mejore su confianza.
- Se reconocen logros para reforzar la confianza del trabajador.

Autonomía supervisada

- El trabajador comienza a ejecutar tareas por sí mismo.
- El supervisor verifica que cumple con los estándares establecidos. Usualmente se aplican evaluaciones de desempeño.

Certificación de competencia

- Una vez demostrado el dominio de las tareas críticas, se considera que la persona es competente en su puesto.
- Puede documentarse mediante una evaluación formal o *checklist* firmado por el tutor o supervisor.

Los pasos anteriores podrían variar en función del tipo de puesto de trabajo, de la organización y de las tareas que desarrollará la persona.

No solo se deben hacer inducciones a personal nuevo; se debe capacitar para que logre la competencia laboral; de no hacerse, será una falla de la jefatura directa, cuya responsabilidad es que su personal sea competente.

> *Los líderes no solo contratan personas, deben formarlas hasta hacerlas competentes.*

20
No es suficiente capacitar al personal, se debe desarrollar a las personas

Capacitar mejora las manos;
desarrollar transforma la mente y el corazón.
ALBERTO IBAÑEZ NERI

La capacitación permite que los trabajadores aprendan cómo hacer su labor; sin embargo, si se limita únicamente a enseñar procedimientos, se corre el riesgo de mecanizar a las personas, desmotivarlas y perder su potencial de crecimiento.

Una de las funciones de la gerencia (como órgano de las empresas) es dirigir al trabajador en su trabajo.[51] El trabajo hay que hacerlo y el recurso que se tiene para ello son los trabajadores. Lo anterior significa que los resultados son logrados a través de las personas, que combinan información, conocimientos y recursos para ser productivas y lograr las características de los productos

Para que se logren los resultados desde las personas, hay dos elementos que se usan: 1) organizar el trabajo de las personas de manera que resulte lo más adecuado posible para la persona y 2) enseñar para que sean eficaces y eficientes.

Hay un tercer elemento que se puede usar para dirigir a las personas hacia el logro de los resultados: desarrollarlas, hacerlas crecer, tal como lo menciona Peter Drucker: «De todos los recursos de que dispone el hombre, el único que puede crecer

---

51 Drucker, P. F. (2012). *La gerencia de empresas.* Editorial Random House Mandadori S. A. Buenos Aires.

y desarrollarse es el hombre mismo».[52] El crecimiento y desarrollo es implícito en la persona; sin embargo, definimos a las personas como un recurso más, junto a las máquinas o a los recursos financieros, y este es el principal error que cometemos al momento de enfocar esfuerzo para lograr los resultados. Este crecimiento no se logra con simples entrenamientos técnicos, sino con programas de desarrollo que fortalezcan tanto las competencias laborales como las cualidades personales.

> *De todos los recursos, el único que puede crecer y multiplicarse es el ser humano.*
>
> PETER DRUCKER

Peter Drucker, cuando habla de las funciones de la gerencia, menciona que son tres —la dirección del negocio, la dirección de los gerentes y la dirección del trabajador en el trabajo—,[53] y estas tres funciones se realizan de forma simultánea. Dos de las tres tareas se refieren a dirigir a personas: requerirán mecanismos de capacitación y enfoque en su desarrollo en función de las necesidades de la compañía y de la persona de manera individual, lo que refleja la importancia del desarrollo humano como eje de los resultados.

Cuando se entrega capacitación al personal, estamos mecanizando para que hagan sus labores. No quiero decir que no haya que enseñar a las personas a hacer su trabajo; esta es una condición básica (la capacitación debe ser una norma, aunque no todos los líderes lo hacen);[54] sin embargo, si solo nos dedicamos a enseñar cómo hacer el trabajo, las personas se desmotivan al no crecer y desarrollarse, siendo esta su condición.

---

52 Drucker, P. F. (2012). *La gerencia de empresas*. Editorial Random House Mandadori S. A. Buenos Aires.

53 Drucker, P. F. (2012). *La gerencia de empresas*. Editorial Random House Mandadori S. A. Buenos Aires.

54 Maxwell, J. (2007). *Líder de 360º*. Editorial Grupo Nelson.

Desarrollar a las personas significa que se les ayuda a desarrollarse como individuos. Se les ayuda a adquirir cualidades personales que los beneficiarán en muchas áreas de su vida, no solo en su trabajo (p. 227).[55] Usted estará preguntándose en qué áreas puede desarrollar a las personas: las áreas que podrían desarrollarse y beneficiar a las personas de manera individual y, a la vez, en el trabajo, podrían abarcar actitud positiva, manejo de la frustración, manejo del tiempo, creación de hábitos saludables, entre otros aspectos del desarrollo personal. Se recomienda hacer un plan de desarrollo grupal, con temas transversales que beneficien a varias personas a la vez.

> *La capacitación mecaniza; el desarrollo humaniza y proyecta.*

Un ámbito importante del desarrollo personal es enseñar liderazgo. Todo lo que implique desarrollo personal es de mediano a largo plazo (este puede ser un motivo por el que la gerencia de la empresa no desarrolla a las personas, ya que involucra ver resultados en el mediano y largo plazo). Debemos comprender también que el desarrollo es más difícil que la capacitación. Enseñar a una persona algún método específico para el trabajo se logra en un corto plazo; sin embargo, enseñar a alguien que se comunique mejor y que lo aplique se verá reflejado en el mediano o largo plazo. A pesar de que es más difícil desarrollar a las personas, vale la pena, porque desarrolla al individuo que, desde el individuo, retribuye en mejor clima laboral y mejores resultados productivos.

Otro motivo por el que no se tienen programas de desarrollo en las organizaciones es que se centran en el cambio de la persona. A pesar de que se entreguen herramientas para el

55 Maxwell, J. (2007). *Líder de 360º*. Editorial Grupo Nelson.

desarrollo individual, requiere que la persona las aplique en su vida diaria, incluso en el trabajo; esto implica un cambio de actitud hacia la vida y, muchas veces, las personas inician el proceso de desarrollo para posteriormente abandonar el programa, retrocediendo en los resultados.

Otro de los motivos por los que no se desarrollan a las personas podría ser que, al no ver los resultados en el corto plazo, tanto el desarrollador como la persona que se está desarrollando se desmotivan, lo abandonan y se regresa a las actitudes anteriores que predominan el comportamiento de las personas.

El primer paso para desarrollar a las personas es descubrir los sueños y los deseos de las personas (p. 229).[56] Los sueños y anhelos de las personas hacen que sean el motor del comportamiento; aunado a un adecuado ambiente de trabajo, esto puede traer resultados de mayor eficacia en la organización.

Al implementar un programa de desarrollo de las personas se debiera considerar las necesidades individuales de cada una (no todas parten del mismo punto ni tienen las mismas necesidades). Esto implica que las gerencias se han hecho cargo de promover este desarrollo, lo que implica dedicar tiempo a desarrollar a las personas (aspecto que muchas gerencias no están dispuestas a considerar; el tiempo es el principal recurso a dedicar y es el precio que se paga para desarrollar a las personas). Dentro del programa, deberán existir mecanismos de revisión y retroalimentación del avance de las personas en su desarrollo.

Otro de los componentes esenciales en el desarrollo de las personas es desarrollarlas para el liderazgo. John Maxwell manifiesta que «ningún proceso de desarrollo estaría completo sin la inclusión del desarrollo de liderazgo» (p. 333).[57] Esto es de vital importancia en un contexto en que la mayoría de las

56 Maxwell, J. (2007). *Líder de 360º*. Editorial Grupo Nelson.
57 Maxwell, J. (2007). *Líder de 360º*. Editorial Grupo Nelson.

personas no están comprometidas con su trabajo (solo el 15 %),[58] tal como describe Jim Clifton en el libro *El líder*.

> Ningún proceso de desarrollo está completo sin el liderazgo.
>
> John Maxwell

La única manera de que los resultados se multipliquen es desarrollar a las personas, en especial al personal de mando medio, en el liderazgo. El liderazgo es la forma en que se influye en las personas en un objetivo compartido. Los liderazgos a todo nivel de la organización, desarrollados como un eje de trabajo para desarrollar personas, debieran ser una de las tareas que tomen los líderes de mayor nivel en la organización.

La capacitación prepara para el presente, pero el desarrollo prepara para el futuro. Enseñar a un trabajador cómo hacer su tarea asegura eficiencia inmediata; ayudarlo a crecer como persona asegura la permanencia de la motivación, el compromiso y el liderazgo. Las organizaciones que apuestan por desarrollar a su gente trascienden los resultados inmediatos y construyen bases sólidas para la innovación, la productividad y la sostenibilidad en el tiempo.

En definitiva, **los resultados sostenibles no provienen solo de procesos eficientes, sino de personas desarrolladas que lideran con propósito y contribuyen con lo mejor de sí mismas**.

58 Clifton, K. y Harter, J. (2019). *El líder*. Editorial Reverté.

21 No es suficiente definir responsabilidades, es necesario definir las competencias

Las responsabilidades organizan el trabajo;
las competencias aseguran el resultado.
ALBERTO IBAÑEZ NERI

Las organizaciones se conforman de personas, quienes son el principal recurso de estas; con las personas se logran generar los resultados a través de otros recursos. Estandarizar la gestión implica definir los procesos y, para que ellos logren los resultados, se definen las responsabilidades o funciones que harán las personas. Una responsabilidad o función es una acción que hará la persona dentro del proceso; esta acción necesitará materiales, información y una forma de verificar que se está ejecutando y está logrando el resultado.

Un proceso tendrá responsabilidades para las personas que abarcarán diversos ámbitos; por ejemplo, habrá responsabilidades para planificar, responsabilidades para ejecutar las tareas que transforman las entradas en los resultados, responsabilidades para hacer seguimiento y medición y responsabilidades para solucionar problemas. Estas responsabilidades recaerán en diversas personas dentro de la organización. Luego de haber definido las responsabilidades, usualmente se debe capacitar al personal para que cumpla con estas.

Con el enfoque anterior se está dejando de lado algo que marca la diferencia entre ser eficaces o no, algo que hará que las personas cumplan sus responsabilidades logrando los resultados establecidos: las «competencias» necesarias para realizar las responsabilidades. Las responsabilidades y las competencias van de la mano; si solo se definen las responsabilidades sin considerar las competencias para que se ejecuten de forma eficaz, seguramente no se lograrán los resultados.

La definición de competencia es «capacidad para aplicar conocimientos y habilidades con el fin de lograr los resultados previstos».[59]

Figura 12. Responsabilidades y competencias.

Según la definición, la condición para lograr los resultados es que la persona sea capaz de aplicar conocimientos y habilidades orientados al resultado que deberá estar predefinido. Sin embargo, esto solo se logrará si es que se han definido adecuadamente las responsabilidades que hará la persona en el proceso, que también deberán estar orientadas al resultado. De este razonamiento surgen cuatro elementos necesarios para que se logren los resultados:

1. que el resultado a lograr esté definido,
2. que, en base al resultado a lograr, se hayan definido las acciones necesarias en el proceso, que, cuando se trasladan a la persona que ejecutará esas acciones, pasan a llamarse responsabilidades,

59 ISO. (2015). *ISO 9000: Sistemas de gestión de la calidad-Fundamentos y vocabulario.* Organización Internacional de Normalización.

3. que se definan las habilidades y conocimientos necesarios para que se realicen las responsabilidades y se logre el resultado, y
4. que la persona a quien se han asignado las responsabilidades tenga la capacidad de aplicar los conocimientos y habilidades dentro de sus responsabilidades para el logro de los resultados.

Como se puede apreciar, no es suficiente definir resultados a alcanzar, ni es suficiente definir las responsabilidades para alcanzarlos: es necesario crear la capacidad de las personas para que apliquen los conocimientos y habilidades y logren los resultados.

Solo con el logro de los resultados podemos decir si una persona es competente o no; es decir, si fue capaz de aplicar lo que conoce y sus habilidades.

La capacidad es una de las condiciones de cada persona, dicho de otra manera, es la aptitud de la persona para realizar sus responsabilidades aplicando conocimientos y habilidades. Cuando las personas entienden y aplican las habilidades, la formación, la educación y la experiencia necesarias para desempeñar sus roles y responsabilidades, las organizaciones tienen mayor probabilidad de ser eficaces.

> *La competencia es el resultado de la aplicación, la repetición y la confianza otorgada.*

Cuando a la persona se le da la oportunidad y confianza, aplicará lo que sabe y sus habilidades para lograr el resultado. Esta condición sería la número 5 para que se logren los resultados: la oportunidad y confianza que se le otorga a la persona; y esta es una responsabilidad de la alta dirección o gerencia de la organización. No será suficiente que la persona haya recibido conocimientos y desarrollado habilidades técnicas si no se le da la oportunidad de que las aplique y la confianza para que haga los intentos, a pesar de que pueda fallar. Solo mediante la aplicación de lo que sabe y de sus habilidades las personas lograrán desarrollar las competencias.

Es común encontrar que las empresas capacitan a las personas en herramientas de mejora continua (*Six Sigma, Lean Manufacturing*, entre otros); sin embargo, no se da el espacio a las personas para que lo apliquen. Sin aplicación, no se logrará la competencia: es como ir a la clase de conducción de un auto que se da de manera teórica, sin dar la oportunidad de conducir el auto. Un factor que podría estar reduciendo las opciones de que la dirección de la empresa dé las oportunidades a las personas para aplicar lo que saben es la impaciencia por lograr resultados inmediatos; ya que lograr competencia en una determinada tarea va a requerir tiempo y repetición en aplicar los conocimientos para que se conviertan en competencias, es decir, para que se logren los resultados.

Otro factor del por qué no se logran las competencias, a pesar de que se ha capacitado a las personas, es la propia capacitación. La forma de capacitar, posiblemente, se base en teoría (a no ser que el objetivo sea que la persona aumente la base conceptual del ámbito en el que se le capacita) y no en la aplicación mediante ejercicios controlados en laboratorio o sala de capacitación o, de otra manera, en el puesto de trabajo mediante un tutor.

En muchas empresas está la creencia de que el haber capacitado al personal es suficiente para que se logre competencia. Esto no es automático. La competencia se logrará con la repetición; dicho de otro modo, una competencia es una acción que se ha repetido la cantidad de veces necesaria para que se convierta en un hábito, o se ha logrado dominar la aplicación de conocimientos, de modo que cada vez que se hace la acción se logrará el resultado, porque la persona tiene la capacidad de aplicar lo que sabe y sus habilidades para el logro del resultado.

> *Capacitar sin aplicar es como enseñar a conducir sin permitir tomar el volante.*

La competencia solo es un resultado: resultado de la oportunidad de aplicar los conocimientos y habilidades adquiridas y de la repetición de la aplicación, obviamente direccionada a un resultado. Las personas están continuamente aplicando lo que saben; sin embargo, en el ámbito de las organizaciones, las acciones que hacen las personas (responsabilidades) se enmarcan hacia el logro de un resultado, es decir, hay una intención específica a la cual se deberá orientar el desarrollo de las competencias. El desarrollo de una competencia se verifica luego de su puesta en práctica, es decir, con la experiencia.[60] Por ello, al tener mayor tiempo aplicando los conocimientos —a esto se le llama experiencia—, y si esta experiencia fue analizada y retroalimentada, la persona habrá logrado competencia intencional para el logro de los resultados.

Solo cuando tengamos personas competentes, empoderadas y comprometidas en toda la organización se aumentará la capacidad de la organización para generar y proporcionar valor[61] a sus clientes y a los usuarios de sus productos. En esta frase, además de las competencias, es necesario el empoderamiento y el compromiso de las personas, que abordaremos en la siguiente sección.

Definir responsabilidades organiza el trabajo, pero **definir y desarrollar competencias es lo que asegura resultados sostenibles**. Las responsabilidades establecen el «qué

60 Alles, M. (2017). *Desarrollo del Talento Humano, basado en competencias*. Editorial Granica

61 ISO. (2015). *ISO 9000: Sistemas de gestión de la calidad-Fundamentos y vocabulario*. Organización Internacional de Normalización.

hacer»; las competencias garantizan el «cómo hacerlo bien y consistentemente».

La verdadera ventaja competitiva no está en procesos documentados, sino en personas competentes que saben aplicar lo que aprenden, repiten hasta dominarlo y son apoyadas por líderes que les otorgan confianza y oportunidad. Solo así las organizaciones logran eficacia, excelencia y valor real para el mercado.

22
No es suficiente nominar en un cargo, es necesario empoderar y comprometer a las personas

Nombrar no es liderar. Las personas no se mueven por cargos, sino por propósito, confianza y sentido de pertenencia.
ALBERTO IBAÑEZ NERI

La organización básica para realizar el trabajo consiste en asignar funciones dentro de un puesto de trabajo a las personas. Estas funciones, como describimos anteriormente, se orientan a lograr resultados; sin embargo, esta definición básica ya no es suficiente, a pesar de que se respalda en los modelos (normas y esquemas) de gestión como una forma de que se logren los resultados.

El hecho de que el recurso humano es, de todos los recursos económicos, el que se utiliza con menor eficiencia y de que la mayor oportunidad de mejores realizaciones financieras radica en el mejoramiento de la efectividad de la gente en su trabajo se ha convertido en un axioma (proposición tan clara y evidente que se admite sin demostración) de la gerencia.[62] Esta afirmación es la que hace en su libro *Gerencia de Empresas* Peter Drucker. De hecho, Drucker era un fiel defensor de que las mejoras de productividad y eficiencia en las empresas pasan por las personas. Esta creencia sigue vigente al día de hoy.

62 Drucker, P. F. (2012). *La gerencia de empresas.*

> *A pesar de los años, este principio sigue vigente: la clave del éxito organizacional está en cómo se lidera y se potencia a las personas.*

No importa el tipo de trabajo que se haga, el tipo de trabajo que sea ni el nivel jerárquico en el que se esté en la organización: somos seres que pensamos, tenemos necesidades y motivos para realizar el trabajo. También somos seres que necesitamos una dirección y un propósito para hacer que nuestra vida sea una realización personal. ¿Cómo pueden las empresas lograr que las personas se identifiquen con el propósito de la empresa? La respuesta no es sencilla; sin embargo, es un imperativo que los intereses personales se alineen a los intereses de la empresa (o al contrario, aunque es más difícil). Por ello, no es suficiente solo asignar un cargo a las personas y darles responsabilidad: deberá motivarse a las personas para que contribuyan al propósito de la organización.

Hay dos elementos de la gestión que son necesarios para que las personas logren motivarse y alinear sus intereses y motivaciones personales con los de la organización: **el empoderamiento y el compromiso**. Son dos palabras que se escuchan comúnmente en los niveles altos de las organizaciones. Estos dos elementos, junto al reconocimiento y la mejora de competencias, serán el impulsor de cambios culturales que, en un mediano y largo plazo, permitirán que la organización logre sus resultados establecidos.

Para gestionar una organización de manera eficaz y eficiente, es importante respetar e implicar activamente a todas las personas en todos los niveles. El reconocimiento, el empoderamiento y la mejora de la competencia facilitan el compromiso de las personas en el logro de los objetivos de la calidad de la organización.[63]

63 ISO. (2015). *ISO 9000: Sistemas de gestión de la calidad-Fundamentos y vocabulario*. Organización Internacional de Normalización.

Según lo anterior, hay una ecuación que hace que las personas se comprometan, la cual es **empoderar, mejorar competencias y reconocer**. Revisaremos qué implica desplegar estos aspectos dentro de la organización.

Empoderamiento

El concepto de **empoderar** o ***empowerment*** se refiere a un proceso mediante el cual se otorga a los individuos o grupos el poder, la autoridad y los recursos necesarios para tomar decisiones y actuar de manera autónoma. En un contexto organizacional, el empoderamiento implica delegar responsabilidades, fomentar la participación activa y proporcionar las herramientas y el apoyo necesarios para que los empleados puedan tener un impacto significativo en sus tareas y en el entorno laboral.

Muchos expertos en gestión coinciden en que es necesario empoderar a las personas para que tomen decisiones; sin embargo, ¿por qué en muchas organizaciones no se empodera a las personas? John Maxwell explica algunas de las razones de ello;[64] estas serían las cuatro principales causas del por qué las gerencias y jefaturas no empoderan:

- **Falta de tiempo**: las gerencias y jefaturas dentro de la organización pueden ser las personas más ocupadas; están atareadas por cumplir las metas productivas, lo que hace que se enfoquen solamente en eso. Esto les hace perder de vista a las personas, ya que, para empoderar, será necesario que el líder dedique tiempo.
- **Falta de confianza en los demás**: las gerencias y jefaturas son seres humanos con virtudes y defectos, y uno de los posibles defectos es no confiar en que las personas de

64 Maxwell, J. (2020). *La mejor inversión de un líder*. Editorial Grupo Nelson.

su equipo pueden hacer las tareas —posiblemente mejor que ellos— o que el personal no es capaz de resolver los problemas. La desconfianza también es un indicador de la propia desconfianza del jefe. Esto los lleva a creer que los jefes lo hacen mejor.

- **Incapacidad de identificar las fortalezas de las personas**: cada persona es buena para determinadas áreas; muy pocos jefes logran descubrir estas cualidades y ubican a la persona en su área de mayor fortaleza.
- **No saber cómo empoderar**: es posible que las gerencias y jefaturas no comprendan la importancia de empoderar a las personas y, sumado a que no saben cómo hacerlo, esto lleve a que su área sea improductiva.

Tres prácticas que ayudarán a empoderar

Según John Maxwell, hay tres claves que ayudarán a las gerencias para empoderar a los demás: ganarse el respeto, establecer relaciones y proporcionar un entorno de empoderamiento. El respeto es fruto de ser competente y tener buen carácter. Las relaciones se forjan sobre la base del cuidado y la confianza.[65]

El respeto se construye y es la percepción que tienen las personas sobre otra en cuanto a sus habilidades y competencias para el logro de resultados. Considerando que empoderar significa dar poder o autoridad a otra persona, quien da el poder o la autoridad debe tener poder y autoridad (no se da lo que no se tiene). Por ello, el líder que empodera a otros debe haber ganado el respeto en base a la demostración, con hechos concretos, de sus capacidades para lograr resultados.

Además del respeto, las gerencias y jefaturas debieran relacionarse con las personas a quienes van a empoderar; deben ser

65 Maxwell, J. (2020). *La mejor inversión de un líder*. Editorial Grupo Nelson.

apreciadas por ellas. Las relaciones con las personas son uno de los aspectos más difíciles de lograr; si hay una buena relación, se incrementará el respeto hacia el líder. El relacionarse deberá poner en el centro a la persona, ver sus intereses y empatizar con sus motivaciones, y ayudar a que estas motivaciones se alineen con el propósito de la organización. Solo podremos ayudar a que se vinculen los intereses personales con los intereses de la empresa desde el relacionamiento con las personas.

El tercer factor que ayudará a poner en práctica el empoderamiento de las personas es el entorno que debe ser creado para que el empoderamiento ocurra. Dar poder significa que la persona empoderada deberá tomar decisiones; esto solo se puede lograr si se cumplen estas condiciones:

- Comprende los objetivos que deben lograrse.
- Dispone de los recursos para realizar su trabajo y bajo los cuales tomará decisiones.
- Conoce los riesgos y los mecanismos de control.
- La persona tiene la confianza de su líder para tomar decisiones y tiene mecanismos de ayuda a los que acudir cuando lo necesite.
- Dispone de las competencias para lograr los resultados.
- La persona tiene confianza en sí misma, en sus capacidades.

El último aspecto debe ser alimentado por el líder, ya que la mayoría de las personas desconfían de sus propias capacidades. Los dos últimos factores del entorno para empoderar se refieren a la persona a quien se empoderará; esto implica que, antes de empoderar, deberán haberse desarrollado las competencias y trabajado en la confianza de la persona.

Otra de las condiciones para que exista el empoderamiento y termine bien es que, en el proceso en donde la persona empoderada está desarrollando sus actividades, deberá recibir retroalimentación de su líder; esto implica que quien empodera a otros debe hacer seguimiento, pedir rendición de cuentas y apoyar a la persona en la resolución de temas más complejos. Se debe tener cuidado de que el mecanismo de seguimiento no se convierta en control y toma de decisiones de quien empoderó; recuerde que empoderar significa dar poder para que las personas actúen en favor de los objetivos.

> *Los cargos organizan, pero el empoderamiento transforma.*

Compromiso de las personas

Gallup ha realizado el seguimiento del nivel de compromiso de los trabajadores en Estados Unidos desde el 2000; luego lo extrapolaron al resto del mundo y concluyeron que «en general, el 85 % de los empleados no están comprometidos o se sienten activamente no comprometidos con su trabajo».[66]

El compromiso es la participación activa en, y contribución a, las actividades para lograr objetivos compartidos.[67]

Según esta definición, para que una persona se comprometa, como condición necesaria, deberá compartir los objetivos de la organización; si no los comparte, difícilmente se comprometerá, a pesar de que se realicen otras acciones para comprometerla.

La primera tarea de las gerencias o líderes de la organización es clarificar los objetivos, hacerlos comprensibles para las personas y retroalimentarlos. Hay una necesidad de hacer rendición de cuentas, y es precisamente que las gerencias debieran hacer rendición de cuentas a los trabajadores, como una forma de implicarlos en los objetivos.

---

66 Clifton, K. & Harter, J. (2019). *El líder*. Editorial Reverté.
67 ISO. (2015). *ISO 9000: Sistemas de gestión de la calidad-Fundamentos y vocabulario*. Organización Internacional de Normalización.

No solamente clarificando los objetivos y haciéndolos comprensibles para las personas se logra el compromiso de estas. Hay otras condiciones que hacen que las personas se comprometan; entre ellas, se destacan:

- **Vinculación entre sus cualidades y limitaciones** con la organización del trabajo para que se desempeñe la persona. Si sus capacidades son superiores a la tarea, habrá aburrimiento y, por lo tanto, desmotivación; si sus capacidades están por debajo de la tarea, habrá frustración y disminución de la motivación para lograr los resultados. En cualquiera de los casos, disminuirá el compromiso con los resultados. Lo anterior significa que el trabajo debe organizarse siempre de tal manera que cualquier fuerza, iniciativa, responsabilidad o competencia que haya en los individuos se convierta en una fuente de fuerza y buen desempeño para todo el grupo.[68] Solo al hacer que la persona trabaje dentro de sus ámbitos de fortalezas tendremos resultados eficaces mediante el empoderamiento que tendría el trabajador.
- **Desarrollo personal**. El desarrollo personal se puede ver desde dos aspectos: el crecimiento profesional y el crecimiento a nivel personal; ambos son importantes para el compromiso de la persona. El crecimiento profesional implica que la persona tiene la oportunidad de mejorar sus conocimientos para luego demostrar competencias y escalar dentro de la organización. El crecimiento personal tiene que ver con solucionar aspectos personales que después se pueden transferir al trabajo; por ejemplo, mejorar las habilidades de manejo de la frustración hará que la persona sea más abierta a aceptar retroalimentación y

68 Drucker, P. F. (2012). *La gerencia de empresas*. Editorial Random House Mandadori S. A. Buenos Aires.

aprender de sus errores. La empresa que desarrolle a su personal tendrá mejores niveles de compromiso de ellos. Un aspecto importante que debemos entender del desarrollo de las personas es que es un proceso de largo plazo, mientras que capacitar es de corto plazo; por ello, las empresas se centran en capacitar en lugar de desarrollar a las personas. Para desarrollar a las personas, se tiene que centrar en la persona, como dice John Maxwell: «El desarrollo se basa en la persona».[69] El crecimiento a nivel personal se basa en conocerse a uno mismo, y las empresas debieran ayudar a las personas a que se conozcan a sí mismas; esto exige que los líderes sean quienes también están desarrollándose, ya que no se puede dar lo que no se tiene.

- La credibilidad del jefe o de su líder directo. Para que los trabajadores se comprometan necesitan ser dirigidos por alguien que sea creíble. John Maxwell menciona que, antes de que las personas sigan al líder o al jefe, necesitan aceptar a este.
- Sentirse reconocido. El reconocimiento implica que la persona es visible para los demás, lo que incluye para sus pares y jefes, incluso para su equipo a cargo. Esta visibilidad implica que se vean sus logros y que se le muestre ese logro vinculado a la persona; eso implica *re-conocer*. El reconocimiento tiene varias formas, que involucran temas materiales y no materiales (por ejemplo, diplomas).

> *La organización no crece por cargos ocupados, sino por personas empoderadas y comprometidas.*

69 Maxwell, J. (2007). *Líder de 360º*. Grupo Editorial Nelson.

Figura 13: Los 4 elementos del empoderamiento.

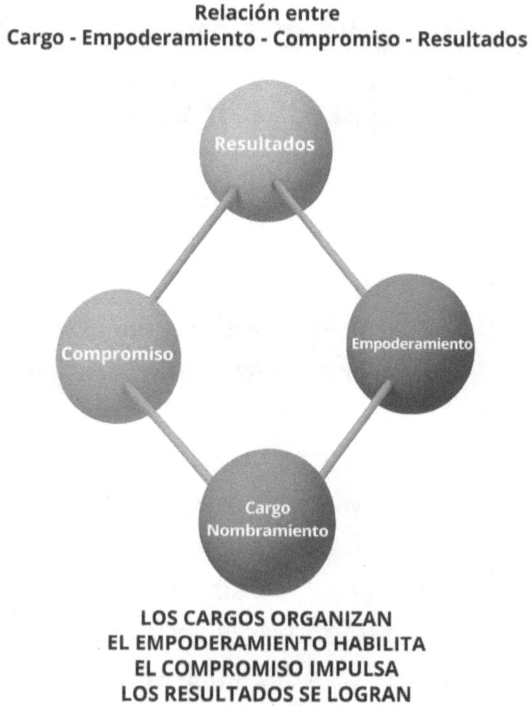

Asignar un cargo define una función, pero **empoderar y comprometer transforma a las personas en protagonistas del éxito organizacional**. El nombramiento por sí solo no garantiza resultados; el verdadero impacto ocurre cuando los líderes confían, reconocen, desarrollan y alinean a las personas con un propósito común.

En definitiva, la organización no crece por cargos ocupados, sino por **personas empoderadas y comprometidas que multiplican resultados y consolidan la cultura de excelencia**.

23
La decisión no es suficiente, también lo es la administración de la decisión

Tomar decisiones genera movimiento;
administrarlas genera transformación.
Alberto Ibañez Neri

Lograr resultados eficaces en las organizaciones es el resultado de tomar decisiones y que estas alcancen los objetivos previstos. Sin embargo, solo tomar la decisión y mandar que se haga no es suficiente: se debe administrar la decisión. La administración de la decisión involucra más decisiones alrededor de la decisión tomada; sin embargo, estas decisiones harán que se logren los resultados. ¿Qué implica administrar una decisión?

La administración de la decisión implica un conjunto de acciones y decisiones complementarias que rodean a la inicial y que permiten sostenerla en el tiempo. No basta con decidir: es necesario asignar recursos, dar seguimiento, instalar mecanismos de control y, sobre todo, integrar la decisión en los procesos de la organización.

En muchas organizaciones se toma la decisión de incorporar metodologías que ayuden a ser eficaces; por ejemplo, incorporar la metodología 5S para ordenar y mantener un ambiente adecuado para producir alimentos. El proyecto se mantiene vigente, se implementan los pasos, se logran resultados en los plazos definidos; sin embargo, muchos proyectos iniciados no se mantienen en el tiempo: las personas vuelven a las prácticas antiguas, es decir, a las conductas que requieren mayor energía.

Esto demuestra que decidir no equivale a transformar; administrar la decisión es lo que genera cambio sostenible.

> *Decidir no equivale a transformar; administrar la decisión es lo que genera cambio sostenible*

Aquí está la clave: con una sola vez que se decida y se trabaje para que se haga lo decidido no es suficiente; se debe administrar esa decisión, y hay varios momentos para hacerlo. Estos momentos suelen pasar por diversos estados de energía y de conciencia de la importancia de la decisión tomada (tal es el caso de los proyectos de mejora en las organizaciones o la incorporación de nuevos equipos).

Figura 14. Cuadrante de energía versus conciencia.

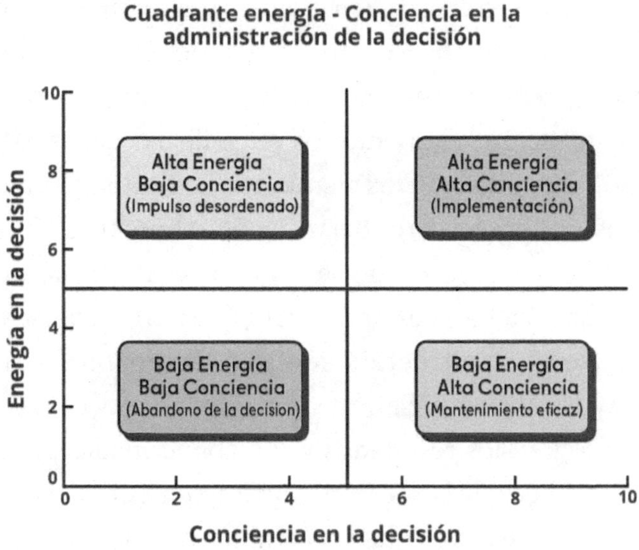

El primer momento se trata de implementar la decisión tomada, se asignan recursos, se definen responsabilidades y se logra implementar. Este primer momento es de alta energía y de alta conciencia de la decisión tomada.

El segundo momento en la decisión tomada es cuando se administra. Esto surge cuando ya se ha implementado la decisión, por ejemplo, la metodología 5S; sin embargo, la energía es baja, porque se trata de mantener los elementos implementados. En esta fase también se tienen los resultados de la decisión tomada. En la imagen anterior, esta fase puede tener dos submomentos: el primero es cuando la energía es baja y la conciencia es alta; esto implica que se mantiene de forma eficiente la decisión, en donde se logran los resultados previstos; la conciencia de la importancia de la decisión es alta. El segundo submomento es cuando la energía y la conciencia de la decisión son bajas; aquí se corre el riesgo de abandonar la decisión (no necesariamente de forma consciente).

Esto puede suceder porque cambian los responsables, se deja de hacer seguimiento y los líderes no piden rendición de cuentas por los resultados. Un elemento común que suele presentarse cuando se abandonan las decisiones es el cambio de jefaturas o gerencias, que impacta fuertemente en los procesos de la organización. Estos nuevos jefes llegan con sus propios enfoques y dejan de lado los elementos que, aunque puedan ser adecuados, sus antecesores dejaron como herencia.

Para que una decisión no se degrade, es decir, no quede en zona baja-baja, debería estar inserta en los procesos de la organización y tener su estructura dentro de la organización.

La mayoría de las iniciativas de mejora de procesos o de productos no logran los resultados y son abandonadas por las personas. ¿Qué hace que las personas no implementen los cambios? Una de las respuestas es que los cambios o mejoras no consideran la dimensión humana: no se diseñan desde la perspectiva de las personas. A nivel psicológico, las personas no se resisten al cambio, se resisten a las pérdidas que ocurren tras ese cambio. Al querer cambiar, alguien gana y alguien pierde. Cambiar un hábito en el equipo puede significar que todos ganemos a largo plazo, pero en el corto plazo alguien sale perdiendo; usualmente, quien pierde es quien creó el elemento original,[70] y esta persona ofrecerá resistencia.

> *Todo cambio genera ganadores y perdedores; administrar la decisión es gestionar esa tensión.*

Una buena estrategia para administrar las decisiones consiste en:

- Crear la necesidad de cambio y vender ese cambio, a fin de que las partes implicadas estén sensibilizadas.
    - La mayoría de las veces, la necesidad de cambio está motivada por decisiones de alto nivel, por cambios legales o tecnológicos. Se debe precisar la necesidad de cambio a nivel de la organización y vender, mediante comunicación de la necesidad.
- Identificar quién sale perdiendo y vender el problema.
    - Las personas que salen perdiendo crearán resistencia, un arrastre que podría ser difícil de administrar y que podría llevar al fracaso el cambio, en especial si la persona ocupa niveles jerárquicos superiores. Esta persona pudo haber creado el elemento que se intenta cambiar y puede sentirse amenazada por el cambio. Lo que se quiere cambiar podría tener beneficios para la compañía; sin embargo, para las personas que pierden será una amenaza para su estatus e incluso para su empleo.

70 Gilkey, C. (2024). *Hábitos de Equipo*. México. Editorial Aguilar.

- Identificar defensores y convertirlos en promotores.

    - Tener defensores es como tener rostros o promotores de los cambios o proyectos. Un momento para identificarlos es cuando se explica la decisión tomada y empiezan a preguntar y muestran un lenguaje corporal de interés. Se deberá distinguir a quienes apoyan de quienes se oponen; usualmente, quien sale perdiendo tendrá un lenguaje negativo o de defensa de lo actual.

- Mostrar los beneficios de manera individual y de equipo.

    - Como parte de vender el proyecto, se deberían explicar los beneficios de manera individual y a nivel de equipo humano. Los beneficios suelen describirse en tres categorías: 1) reducción de pérdidas, 2) mejora de la calidad del producto y 3) tiempo para dedicar a otras tareas del proceso.

- Definir un plan en conjunto con los implicados.

    - Una decisión sin plan simplemente quedará como un elemento más que se quería cambiar, en el baúl de los recuerdos. El plan debería incluir actividades, responsables, plazos, una forma de medir las actividades y una forma de medir el avance. Se deberá incluir una forma de comunicar el cambio, sus beneficios y sus resultados.

- Mostrar avances y recibir retroalimentación.

    - Mostrar resultados de éxito permitirá que las personas, en especial quienes podrían haber perdido estatus o comodidad, se identifiquen con los beneficios que traiga el proyecto. Se deberá permitir que las personas retroalimenten acerca de sus preocupaciones respecto a los resultados. Se recomienda mostrar avances cortos, pero significativos, para el cambio que se quiere instalar; por ejemplo, al implementar un software para registrar información, se puede mostrar la forma sencilla en que permite ver tendencias de los datos sin necesidad de hacer gráficos (lo cual puede llevar mayor tiempo o simplemente no se hacía).

Decidir es apenas el primer paso; administrar la decisión es lo que convierte la intención en resultados sostenibles. Una decisión bien administrada trasciende el entusiasmo inicial y se convierte en parte del ADN de la organización. Allí radica la diferencia entre proyectos que se recuerdan como intentos fallidos y transformaciones que dejan huella. No basta con querer cambiar: hay que sostener, institucionalizar y humanizar las decisiones para que se conviertan en cultura y en resultados duraderos.

24
No es suficiente el saber, se requiere la actitud para aplicar

El conocimiento informa,
pero solo la actitud transforma.
Alberto Ibañez Neri

Las empresas suelen definir procedimientos en los que documentan sus buenas prácticas, capacitan a las personas para aplicarlas y revisan su cumplimiento. Sin embargo, con frecuencia estas prácticas **no se aplican de manera correcta ni sostenida en el tiempo**.

De forma paralela, muchas organizaciones desarrollan programas de capacitación para su personal. Estos programas, aunque bien intencionados, no siempre son suficientes para cerrar las brechas de competencias. Aún más crítico: **la capacitación no garantiza la aplicación real de lo aprendido en el trabajo diario**.

Los motivos que llevan a las empresas a capacitar son diversos. A menudo, la capacitación responde más a una exigencia formal que a una estrategia genuina de desarrollo de capacidades. Es común encontrar empresas que capacitan porque deben demostrar ante auditores o clientes que su personal ha recibido formación, o porque existen incentivos externos que favorecen hacerlo (como en Chile, donde los programas de capacitación cuentan con beneficios tributarios).

El resultado es que se cumple con el acto de capacitar, pero sin asegurar dos aspectos fundamentales: **que las personas realmente hayan aprendido** y, aún más importante, **que ese aprendizaje se traduzca en conductas aplicadas al trabajo**. Así, la capacitación se convierte en un trámite administrativo más que en un motor de transformación organizacional.

Una actitud orientada a aplicar lo aprendido parte de la decisión personal de ejecutar las tareas utilizando los conocimientos adquiridos. No basta con haber recibido formación, instrucciones o herramientas: es la voluntad de cada persona la que determina si el aprendizaje se traduce en acción.

La Real Academia Española define voluntad como la «facultad de decidir y ordenar la propia conducta». En el ámbito organizacional, esta definición cobra un valor especial, pues las empresas suelen enfrentarse al desafío de que las personas no aplican lo que se les ha enseñado. Dicho de otra forma: el conocimiento puede estar disponible, pero, si no existe voluntad de usarlo en la práctica, los resultados se verán comprometidos.

Cuando la falta de aplicación ocurre en tareas que son fuentes de riesgo alto —ya sea para la seguridad, la inocuidad o la calidad de los productos—, el impacto es aún más grave, porque la brecha entre lo que se sabe y lo que se hace puede derivar en fallos críticos.

Por ello, la formación organizacional no debe quedarse en transmitir conocimiento, sino en crear condiciones que fortalezcan la voluntad y la disposición de las personas para actuar. La verdadera efectividad se logra cuando el aprendizaje se convierte en hábito y la voluntad individual se alinea con los objetivos colectivos de la organización.

> *La capacitación sin aplicación se convierte en un trámite administrativo.*

¿Por qué no se aplica lo aprendido?

Existen diversos motivos por los cuales las personas no aplican lo aprendido en las capacitaciones. Entre los más relevantes se encuentran:

1. **Falta de oportunidad para aplicar lo aprendido**
   La responsabilidad de generar estas oportunidades recae en las jefaturas, que deben facilitar que el personal capacitado ponga en práctica sus nuevos conocimientos. Sin embargo, muchas veces los jefes no muestran interés o carecen de los medios para otorgar esa oportunidad. Con frecuencia, la falta de oportunidad se debe a que la capacitación estuvo mal enfocada y no se relaciona directamente con las labores del trabajador. Además de generar la oportunidad, es esencial proveer los recursos necesarios: materiales, información y tiempo para aplicar lo aprendido.

2. **Ausencia de seguimiento y evaluación**
   Incluso cuando se ofrece la oportunidad de aplicar lo aprendido, suele faltar un seguimiento adecuado. La confirmación de que los conocimientos se están aplicando requiere una **evaluación del desempeño**, también llamada **evaluación de competencias**. Este proceso debería ser una extensión natural de la oportunidad de aplicar. Sin embargo, muchas jefaturas no saben cómo llevar a cabo este tipo de evaluaciones, lo que genera un vacío en la consolidación del aprendizaje.

3. **Falta de confianza del trabajador para aplicar lo aprendido**
   El tercer factor está en la persona capacitada. Cuando no se generan oportunidades ni se realiza seguimiento,

es común que la persona pierda la motivación o la seguridad para aplicar lo aprendido. A esto se suma, en muchos casos, la carga operativa en tareas distintas al tema en que fue capacitada, lo que la lleva a desistir de incorporar los nuevos conocimientos en su práctica diaria.

Para mejorar esta situación, es necesario que se disponga de un proceso de gestión de capacitaciones orientado a las necesidades de cada persona y considerando las competencias que se tienen que lograr. Un proceso de gestión de capacitación abarcará la determinación de necesidades de capacitación, la programación y planificación, la ejecución del programa mediante la entrega de capacitación y la medición de la eficacia. La revisión de eficacia debería tener un enfoque hacia determinar la capacidad de aplicación de los conocimientos adquiridos. Si la evaluación indica que la capacitación no fue eficaz, se deberán revisar los motivos y tomar acciones para que se aplique de forma eficaz.

Otro aspecto a explorar del porqué hay brecha entre el saber y el aplicar lo que se sabe son las actitudes de las personas. John Maxwell define la actitud como «un sentimiento interior expresado por el comportamiento».[71] Al ser un sentimiento expresado en el comportamiento, se puede apreciar en las acciones y las palabras de las personas. Al hablar de no aplicar lo que se aprende, se trata de una acción que refleja el interior de la persona y esto será la base de lo que anteriormente mencioné: la ausencia de confianza de la persona es un factor para no aplicar lo aprendido.

Lo que sucede dentro de nosotros afecta nuestras acciones. No hay una fórmula para tener una buena actitud: depende de muchos factores, pero los expertos en conducta humana siempre manifiestan que se basa en los valores de las personas. Si los

71 Maxwell, J. (2012). *Actitud 101*. Editorial Grupo Nelson.

valores de la persona van en contra de los de la empresa, las personas no actuarán según lo que se defina dentro de la empresa.

> *La verdadera efectividad surge cuando el aprendizaje se convierte en hábito.*

La buena noticia es que se puede cambiar la actitud de las personas, pero esta es una decisión personal; mejor dicho, se puede formar una buena actitud. Son varios los factores que determinan la formación de una buena actitud; entre ellos se identifican:

1. **El ambiente de la persona**: esto tiene que ver con dónde las personas se desarrollaron, desde la infancia hasta su vida actual. Las creencias y valores inculcados en la infancia influyen en la actitud. El ambiente en donde una persona trabaja influye en su actitud (comportamiento); por ejemplo, si se tiene un ambiente limpio, las personas son más propensas a mantenerlo limpio.
2. **Los mensajes que recibe la persona**: de diversas fuentes, ya sea por castigos, premios o comunicación repetida diariamente. Esta es la forma en que las personas reciben los valores e incorporan sus creencias.
3. **La identificación con la visión y el propósito de la empresa**: muchas empresas tienen declarado su propósito; sin embargo, no se suelen explicar las bases de este. Se pierde una oportunidad de alinear a las personas al propósito y, como consecuencia, se pierde la oportunidad de que tengan una buena actitud para aplicar los protocolos establecidos.
4. **Cómo se ve cada persona**: esta es la imagen de uno mismo. En general, las personas nos vemos peor de lo que estamos; es decir, tenemos la percepción de que no

seremos capaces de realizar tareas o cosas desafiantes. Las acciones siempre son el reflejo de nosotros mismos.

5. **Oportunidades de crecer**: este moldeador de actitud no se suele usar en las empresas como debiera. Siempre hay oportunidades de hacer cosas distintas o de participar en tareas que requieren la intervención y los conocimientos de las personas. Esto influye en el ánimo y en la actitud que tienen.
6. **Quiénes influyen directamente**: en las empresas, los compañeros de trabajo y, en especial, los jefes influyen fuertemente en la actitud de las personas. Si un jefe tiene el enfoque de mando y control, las personas serán temerosas de aplicar los procedimientos y lo que aprendieron por temor a equivocarse, porque eso lleva a castigos.

La actitud de las personas se puede cambiar; para ello, se requiere que las empresas trabajen en ese cambio. Esto puede iniciar evaluando la actitud de las personas, identificando las actitudes que llevan a sentimientos negativos o de indiferencia y las que llevan a una actitud positiva que impulse a la acción. Por ejemplo, al pedir que se cambie una manera de trabajar y que para ello se capacitó a la persona, estas podrían tener una actitud negativa, manifestando que eso implica mayor tiempo o que no funcionará porque en el pasado se quiso cambiar y no funcionó. Las expresiones y acciones definen si la actitud es negativa. Según esto, se pasaría a la fase dos, que consiste en aplicar acciones que demuestren que los cambios o los elementos a implementar tienen beneficios para todos o, simplemente, hacer que las personas participen en definir cómo hacer las tareas. Esto no es automático: es posible que se requieran varios ciclos de retroalimentación para cambiar la actitud de aplicar lo aprendido. Es trabajo de los líderes ser persistentes en el cambio de la actitud de las personas.

> *No basta con enseñar: se debe generar la voluntad de aplicar.*

El conocimiento es solo la base; lo que transforma a las organizaciones es la actitud con la que las personas deciden aplicarlo. La verdadera efectividad no se mide por la cantidad de capacitaciones realizadas, sino por la capacidad de convertir ese aprendizaje en acción. Cuando las empresas entienden que no basta con enseñar, sino que deben crear las condiciones para que exista voluntad de aplicar, entonces la capacitación deja de ser un trámite y se convierte en una herramienta estratégica para el cambio cultural. En última instancia, no es suficiente el saber: se requiere la actitud para transformar ese saber en resultados.

25
No es suficiente tener un área dedicada a la calidad, todos deben ser responsables del producto

La calidad no pertenece a un departamento;
pertenece a cada decisión, a cada persona
y a cada acción dentro de la organización.
ALBERTO IBAÑEZ NERI

La mayoría de las organizaciones productivas, ya sean del ámbito alimentario o de cualquier otro sector, cuentan con áreas especializadas encargadas de velar por la calidad del producto. En la industria de alimentos, esta responsabilidad se amplía hacia la inocuidad, garantizando que el producto no represente un riesgo para la salud del consumidor.

Sin embargo, la existencia de un área de calidad o de inocuidad ha generado, en muchas empresas, una percepción equivocada: la idea de que el cumplimiento de los requisitos de calidad e inocuidad recae exclusivamente en ese departamento especializado. En la práctica, se instala una creencia cultural de que «la calidad es responsabilidad de calidad», desvinculando a las demás áreas operativas de dicha obligación.

Por otro lado, las áreas de operaciones y la gerencia suelen concentrar sus esfuerzos en la productividad, entendida como la capacidad de alcanzar los resultados previstos utilizando de manera eficiente los recursos disponibles. Esta orientación hacia la productividad está directamente respaldada por la dirección de la empresa, la cual dispone de recursos, autoridad y visibilidad para impulsar mejoras en la eficiencia y el rendimiento.

Como consecuencia, se produce una especie de «contienda silenciosa» dentro de la organización. La productividad tiende a imponerse como prioridad estratégica, mientras que el aseguramiento de la calidad y la inocuidad queda relegado, dependiendo del nivel de recursos, apoyo y credibilidad que la gerencia decida asignarle. Esto genera un desequilibrio organizacional: mientras la productividad se percibe como un objetivo indispensable, la calidad e inocuidad suelen considerarse un requisito secundario o accesorio.

El riesgo de esta dinámica es evidente: cuando la calidad y la inocuidad pierden protagonismo frente a la presión por producir más y más rápido, se incrementa la posibilidad de fallos críticos, incumplimientos normativos y pérdidas de confianza del consumidor. En otras palabras, la falta de equilibrio entre productividad y calidad puede comprometer no solo la competitividad, sino también la sostenibilidad misma de la organización.

Es fundamental comprender que carece de sentido producir con la máxima eficiencia algo que nunca debió haberse fabricado. Peter Drucker lo advertía con claridad: la eficiencia sin dirección es una trampa, pues no basta con hacer las cosas bien si esas cosas no deberían hacerse.

En muchas organizaciones hemos permitido que la productividad y la calidad (o la inocuidad, en el caso de la industria alimentaria) entren en competencia. Lamentablemente, en la práctica, la productividad siempre termina imponiéndose, porque está respaldada por la presión de los resultados inmediatos, el apoyo de la gerencia y la disponibilidad de recursos.

> *La responsabilidad de la calidad no se delega: se comparte en toda la organización.*

Sin embargo, cumplir con las especificaciones de un producto o servicio va mucho más allá de alcanzar metas productivas. Implica que cada persona en la organización, sin importar su nivel jerárquico, asuma la responsabilidad de los resultados globales, y no que la responsabilidad se fragmente en áreas específicas. No se trata de ver la productividad como un fin en sí mismo, separado de la calidad o de la inocuidad, sino de entender que ambos deben integrarse en una misma ecuación de valor.

Peter Drucker subrayaba que lo que se espera de un trabajador no es la aceptación pasiva de una tarea física, sino la asunción activa de la responsabilidad por los resultados de la empresa.[72] Esta perspectiva transforma al colaborador de ejecutor a protagonista, de alguien que cumple órdenes a alguien que toma decisiones conscientes sobre cómo su trabajo impacta en los objetivos generales.

En la industria alimentaria, esto se traduce en que la inocuidad y la calidad no pueden quedar bajo la custodia exclusiva de un área especializada: deben convertirse en responsabilidades compartidas por todos. Cada persona que interviene en la cadena de valor, desde el diseño de un proceso hasta la manipulación final del producto, influye directamente en la seguridad, legalidad y aceptación del alimento.

Para que la calidad —y, en particular, la inocuidad— sea verdaderamente responsabilidad de todos, la organización debe integrar principios, prácticas y sistemas que aseguren esa corresponsabilidad. Esto implica crear un marco donde:

1. **Los líderes alineen prioridades** y transmitan que la calidad e inocuidad no son negociables frente a la presión de producir más rápido o más barato.

72 Drucker, P. F. (2012). *La gerencia de empresas.* Editorial Random House Mandadori S. A. Buenos Aires.

2. **Las responsabilidades no se fragmenten**, sino que se reconozca que la productividad y la calidad forman parte del mismo resultado organizacional.
3. **Cada trabajador tenga claridad de propósito**, entendiendo cómo sus decisiones cotidianas impactan en la seguridad del producto y en la confianza del consumidor.

> *La calidad no es un requisito accesorio, es condición de la productividad.*

Para que la calidad del producto (en la industria alimentaria, la inocuidad del alimento) sea responsabilidad de todos, se deberá considerar lo siguiente:

Integrar la calidad en la productividad

La Real Academia Española define la productividad como «Relación entre lo producido y los medios empleados, tales como mano de obra, materiales, energía, etc.». Esta definición es muy simple en lo que se refiere a describir lo que debe tener, a nivel de atributos, una salida de los procesos de producción o de servicios. La definición solamente hace referencia a una relación entre lo que se ha producido (en la mayoría de los casos medido en unidades de masa o de volumen); no habla de qué características debería tener lo que se ha producido. No es suficiente esta definición para describir lo que una organización genera de sus procesos; por ello, es necesario y fundamental redefinir la productividad como «el resultado de los procesos que cumplen los requisitos legales, reglamentarios y acordados en relación con los medios empleados para producir».

Así, una empresa que produce —ya sea un servicio o un producto— deberá considerar que la calidad (en la industria alimentaria, la inocuidad del alimento) del producto es una condición de la productividad; es decir, si una empresa logra niveles altos de producción (relación entre la salida y los recursos empleados) no será productiva si no cumple con los requisitos acordados. El cumplimiento de requisitos del producto o servicio debería ser la primera condición para la productividad. Con esto se logra que la productividad sea una responsabilidad de todos, lo que implica que también lo será la calidad o la inocuidad en el caso de la industria alimentaria.

Cada uno con su responsabilidad

Al considerar que la calidad del producto es condición para la productividad, nos lleva a la segunda condición, la cual consiste en que se definan responsabilidades en todas las áreas y niveles de la organización para el cumplimiento de los requisitos de los productos.

Esto lleva a comportamientos con un enfoque en el cumplimiento de las dimensiones del negocio de la organización. Hacerse cargo de cumplir los requisitos del producto ya no sería solamente responsabilidad de las áreas de operaciones, sino de todas las áreas vinculadas directa o indirectamente. Por ejemplo, el departamento de compras deberá hacerse cargo de que los materiales que compra cumplan con las especificaciones, ya que, de no hacerlo, no se logrará el cumplimiento de requisitos, que, como dijimos, debería ser una dimensión de la productividad.

Cada individuo, sin importar su posición dentro de la organización, puede influir en el cumplimiento de los requisitos, ya sea de manera directa o indirecta. Algunos pueden tener un impacto directo, como el personal de primera línea, mientras que otros pueden influir de manera indirecta, como el personal de recursos humanos o quien administra servicios de terceros.

Incluir como una condición del negocio

Al redefinir la dimensión de la productividad, considerando que el cumplimiento de requisitos es una condición necesaria en la ecuación de la productividad, el cumplimiento pasaría a ser parte de la ecuación del negocio; ya que, si no se cumplen estos requisitos, se afecta a los clientes y consumidores que, en un determinado plazo, pueden dejar de comprar los productos o servicios, en desmedro de los beneficios de la empresa.

Garantizar el cumplimiento de los requisitos del producto no solo protege a los clientes y consumidores, sino que también protege los intereses comerciales de la empresa, siendo dos caras de la misma moneda, como se ilustra en la Figura 15.

Figura 15. Las dos caras de la moneda de la inocuidad.

La calidad y la inocuidad no pueden quedar reducidas a la responsabilidad de un área especializada: son condiciones esenciales de la productividad y, por lo tanto, responsabilidades compartidas por todos en la organización. Solo cuando se entiende que producir bien implica cumplir con los requisitos y proteger la confianza del consumidor, la productividad se convierte en un verdadero motor de competitividad y sostenibilidad. En definitiva, no es suficiente tener un área dedicada a la calidad: todos deben ser responsables del producto.

26
No es suficiente ubicar a una persona en un puesto, debemos ubicarla en su área de fortaleza

Es una práctica común en las organizaciones invertir recursos significativos en la selección de personal. Se busca identificar a la persona que mejor se adecúe al perfil del puesto de trabajo, con la expectativa de que su desempeño sea alto. Para ello, muchas empresas cuentan con departamentos especializados en reclutamiento o contratan servicios externos altamente especializados. El proceso suele ser riguroso: incluye pruebas técnicas, entrevistas, dinámicas de grupo y evaluaciones psicométricas.

Sin embargo, la selección de personal tiene una característica esencialmente negativa: consiste en descartar a quienes no cumplen con los criterios predefinidos (p. 465).[73] De esta manera, el éxito del proceso se mide por eliminar a los menos adecuados, hasta encontrar a la persona que parece encajar mejor en el perfil buscado.

Pero la gestión no termina con la contratación. No es suficiente haber seleccionado a la persona que «superó» un proceso de exclusión. El verdadero desafío comienza después: identificar el mejor puesto y entorno para que sus habilidades, talentos y fortalezas generen los mejores resultados posibles.

En contraste, lo que suele suceder en muchas empresas es que, una vez que la persona es contratada, se deja de invertir

73 Drucker, P. F. (2012). *La gerencia de empresas*. Editorial Random House Mandadori S. A. Buenos Aires.

tiempo y recursos en analizar si realmente está trabajando en su área de mayor fortaleza. Estudios muestran un dato revelador: solo uno de cada tres empleados cree que tiene la oportunidad diaria de hacer lo que mejor sabe hacer.[74] Esta brecha evidencia que las organizaciones desaprovechan gran parte del potencial humano disponible.

> *El verdadero desafío no está en contratar, sino en gestionar las fortalezas después de la contratación*

El impacto de no alinear las fortalezas con las tareas asignadas es enorme. La evidencia empírica indica que, si se lograra duplicar esa proporción —es decir, que dos de cada tres personas trabajaran cotidianamente en sus áreas de fortaleza—, los resultados organizacionales mejorarían significativamente:[75]

- Un aumento del 11 % en la rentabilidad.
- Una reducción del 30 % en la rotación de personal.
- Una disminución del 36 % en los incidentes de seguridad.

Esto demuestra que, aunque el proceso de selección es importante, no es suficiente por sí mismo. La clave está en lo que sucede después: diseñar entornos, puestos y sistemas de gestión que permitan que cada persona despliegue lo mejor de sí misma. En última instancia, el éxito de una organización no se define por encontrar a los candidatos «menos inadecuados», sino por asegurar que cada colaborador pueda trabajar en su mayor fortaleza y aportar su máximo valor.

74 Clifton, K. y Harter, J. (2019). *El líder*. España. Editorial Reverté.
75 Clifton, K. y Harter, J. (2019). *El líder*. Editorial Reverté.

De la gestión de debilidades a la construcción de fortalezas

Si usted es jefe o gerente, una de las preguntas más importantes que debería hacerse es: **¿soy experto en las debilidades o en las fortalezas de las personas?**

La realidad es que muchos líderes llegan a convertirse —o creen convertirse— en expertos en detectar debilidades. Recuerdo que, cuando trabajaba revisando informes técnicos, mi tarea principal consistía en identificar errores y señalar oportunidades de mejora. También debía comunicar estos hallazgos a los responsables de los informes.

Lo común era que, en aproximadamente la mitad de las ocasiones, mis revisiones generaran incomodidad o incluso enojo en quienes recibían mis observaciones. Mi justificación era simple: «ese es mi trabajo». Lo cierto es que no recuerdo haber emitido nunca un reporte positivo que reconociera lo que estaba bien hecho.

Más adelante, cuando formé mi propio equipo de trabajo en consultoría y capacitación, trasladé ese mismo estilo a mi rol de jefe. El resultado fue evidente: el desempeño del equipo comenzó a deteriorarse debido al mal clima laboral que yo mismo estaba generando. Mi enfoque en las debilidades, y la falta de reconocimiento a las fortalezas, se convirtió en un obstáculo para el rendimiento colectivo.

> *Muchos líderes son expertos en debilidades, pero pocos en reconocer fortalezas.*

El problema de este enfoque es evidente. Solo el **21 % de los trabajadores** reconoce que la forma en que su empresa gestiona su trabajo les motiva a dar lo mejor de sí y alcanzar un desempeño excepcional.[76] Dicho de otro modo, la mayoría de los colaboradores no encuentra en los sistemas de gestión actuales un motor de motivación que potencie su rendimiento.

Esto ocurre porque nuestro cerebro está naturalmente programado para criticar: detectamos con facilidad los defectos, las fallas y las carencias. Sin embargo, no está programado para recibir críticas. Al contrario, la mente humana responde mejor al reconocimiento, al estímulo positivo y al elogio. Como señala Dale Carnegie: «El deseo de sentirse importante es una de las principales diferencias que distinguen a los hombres de los animales».[77]

Por lo tanto, si las organizaciones quieren liberar el verdadero potencial de las personas, deben transformar su mirada: dejar de ser cazadores de errores para convertirse en constructores de fortalezas. No se trata de ignorar las debilidades, sino de evitar que la gestión del desempeño se reduzca únicamente a ellas.

Cuando nos centramos en identificar las fortalezas de las personas y administramos esas fortalezas, habrá mejor desempeño en los resultados de las áreas y de los negocios. Si a esto sumamos un sincero agradecimiento y elogio, son dos motivadores para que las personas se comprometan y den su mejor rendimiento por la empresa.

Es posible que usted esté preguntándose: ¿no debo criticar a los trabajadores? Lo que creo es que debería haber un equilibrio entre el halago y la corrección de errores. Esto debiera hacerse dentro de la zona de fortalezas de las personas: es como cuando a un deportista —por ejemplo, a alguien que juega de delantero en el fútbol (su zona de fortaleza)— se le felicita por los goles que hace y se le corrigen y perfeccionan los tiros libres que ejecuta para mejorar su área de fortaleza. Lo anterior implica que

76 Clifton, K. y Harter, J. (2019). *El líder*. Editorial Reverté.
77 Carnegie, D. (1940). *Cómo ganar amigos e influir sobre las personas*. Editorial Sudamericana.

se deberán identificar las áreas de fortaleza, como si fuera la zona de juego de la persona en el campo de competición.

> *Construir una cultura de fortalezas es pasar de ser cazadores de errores a constructores de potencial.*

Quizás se pregunte: ¿significa esto que no debo corregir a los trabajadores? Mi visión es que debe existir un equilibrio entre el halago y la retroalimentación correctiva. La clave está en hacerlo dentro de la zona de fortalezas de cada persona. Pensemos en un deportista: un delantero en el fútbol es felicitado por los goles que marca, pero, al mismo tiempo, recibe correcciones para perfeccionar, por ejemplo, sus tiros libres. Se refuerza lo que ya domina y se mejora lo que potencia aún más su rol natural.

Esto implica que el líder debe realizar un análisis profundo de las fortalezas y debilidades de cada individuo, asignarle un lugar en su zona de mayor fortaleza y, al mismo tiempo, trabajar sobre sus debilidades para que pueda crecer y expandir su desempeño dentro de su «campo de juego».

Hacia una cultura organizacional basada en fortalezas

Hasta ahora no conozco una empresa que tenga una cultura plenamente basada en fortalezas. Sin embargo, esto no significa que no sea posible construirla; al contrario, es un camino que se puede iniciar con pasos concretos. El punto de partida debe estar en la alta gerencia. Los líderes tienen la responsabilidad de identificar sus propias fortalezas y debilidades y comenzar a gestionar aquellas en las que destacan. Cabe señalar que cada puesto de liderazgo exige fortalezas mínimas indispensables —como la capacidad de comunicar con claridad, inspirar confianza y tomar decisiones— que deben desarrollarse de manera consciente.

Además, la gerencia debe declarar explícitamente cómo las fortalezas de las personas contribuyen a los resultados de la empresa, vinculando el talento individual con el propósito colectivo. Una vez establecido este marco, el segundo paso consiste en motivar a cada trabajador a identificar sus fortalezas personales, complementando este proceso con el análisis realizado por su jefatura directa.

El tercer elemento es la administración de estas fortalezas por parte de cada jefe directo. Esto implica no solo reconocerlas, sino también potenciar los conocimientos y habilidades de las personas para que logren un mejor desempeño, acompañando este proceso con retroalimentación continua.

El cuarto pilar de una cultura basada en fortalezas es implementar un programa formal de reconocimiento. Este no debe limitarse a premiar resultados, sino enfocarse en reforzar conductas y aportes alineados con las fortalezas individuales, generando motivación y compromiso a largo plazo.

Un aspecto clave para que las personas alcancen resultados extraordinarios es que el entorno laboral esté diseñado para potenciar dichas fortalezas. Tal como señaló Peter Drucker: «El trabajo debe organizarse siempre de tal manera que cualquier fuerza, iniciativa, responsabilidad o competencia que haya en los individuos se convierta en una fuente de fuerza y buen desempeño» (p. 415).[78] En este sentido, el trabajo debe ser un espacio que fomente el crecimiento, ya que el trabajador, a diferencia de cualquier otro recurso de la empresa, es el único capaz de desarrollarse y expandir su potencial.

Construir una cultura de fortalezas significa comprender que cada persona posee cualidades únicas e irrepetibles. Cuando estas se gestionan de manera estratégica, se convierten en el motor más poderoso para alcanzar tanto el éxito individual como los objetivos de la organización.

---

78 Drucker, P. F. (2012). *La gerencia de empresas*. Editorial Random House Mandadori S. A. Buenos Aires.

27
No basta con buscar la causa raíz, debemos buscar el comportamiento raíz

Los problemas no nacen de los procesos, sino de las decisiones que los dirigen.
INSPIRADO EN PETER DRUCKER

En toda organización orientada a resultados eficaces, es inevitable enfrentarse a problemas y desafíos. Sin embargo, estos no emergen de la nada: se originan por decisiones y comportamientos humanos, no por simple casualidad. Por ello, no basta con realizar un análisis técnico tradicional; es imprescindible incorporar la dimensión conductual para comprender y corregir verdaderamente la causa de fondo.

> *No es suficiente hacer análisis de causa raíz; se debe hacer análisis de comportamiento raíz.*

Gestión fallida = Conductas fallidas

Para solucionar los problemas, el análisis de la causa raíz es imperativo. Se pueden aplicar métodos y técnicas, por ejemplo, la técnica de los 5 porqués para encontrar la causa fundamental que dio origen al problema o no conformidad. Luego de haber encontrado la causa raíz, se deberán implementar acciones con el fin de eliminar dicha causa o causas. Este enfoque es muy técnico, ya que la indicación es solamente encontrar la causa raíz, sea cual sea. Usualmente se exploran las causas raíz que pueden estar en los factores productivos de los procesos, o llamados las 6M por sus siglas en español:

- Mano de obra.
- Materiales.
- Máquinas.
- Medio ambiente.
- Mediciones.
- Método.

Si bien este enfoque ayuda a encontrar las causas, no es suficiente para encontrar la causa raíz, ya que estoy convencido de que todos los problemas que ocurren dentro de la organización son una falla en la gestión, y la gestión es una acción de las personas que están dentro de la organización. Dicho de otro modo, la falla en la gestión implica que han fallado las conductas (decisiones y acciones que se tomaron dentro de los procesos) que llevaron a que fallen los procesos y generen el problema.

> *Las causas técnicas ocultan decisiones humanas que se tomaron antes. Detrás de cada problema hay un comportamiento que lo generó.*

Es importante tener en cuenta que el comportamiento raíz no siempre estará relacionado con las personas que ejecutan directamente el proceso. Puede ocurrir que el comportamiento raíz resida en niveles superiores de la jerarquía organizacional. Por ejemplo, si se detecta un error en la colocación de etiquetas en un producto, como la omisión de etiquetar alérgenos en un producto alimenticio (lo cual podría ser peligroso para personas alérgicas a algún alimento), la causa podría ser la rotación de personal decidida por la dirección. Sin embargo, esta decisión podría haber sido motivada por la búsqueda de mejorar la productividad, y la determinación de cambiar al empleado con experiencia en el proceso de etiquetado por otro sin experiencia puede haber sido tomada por el gerente de producción. Por lo tanto, es posible que el comportamiento raíz recaiga en el ámbito gerencial (al ser una conducta ya establecida dentro de la organización) y no en el supervisor directo del área de etiquetado[79] que tomó la decisión directa.

Explorando el comportamiento en las 6M

Para ejemplificar el enfoque en buscar los comportamientos raíz de los problemas, vamos a explorar los comportamientos en los factores productivos (6M). Esto se muestra en la tabla siguiente:

Factor productivo	**Elementos explorados**	**Enfoque de comportamiento raíz**
Mano de obra	Rotación. Conocimientos. Responsabilidades.	Conductas de quienes toman decisiones en capacitar y retroalimentar al personal. Conductas relacionadas a disminuir personal o a contratar sin pasar por un proceso formal. Prácticas de liderazgo que ayuda a que la rotación del personal sea baja.
Materiales	Calidad. Disponibilidad. Origen.	Conductas de quienes toman decisiones respecto a compra de materias primas. Conductas relacionadas a quienes manejan materias primas en la recepción y las bodegas.
Método	Documentado. Estandarizado. Disponible	Conductas relacionadas al nivel de documentación o estandarización de los métodos. Conductas relacionadas a quienes ponen a disposición del personal.

79 Ibáñez, A. (2024). *Cambia el comportamiento, cambia la cultura*. Editorial Ígneo.

Factor productivo	Elementos explorados	Enfoque de comportamiento raíz
Máquina	Mantenimiento Material del cual está construido. Automatización	Conducta de quienes tomaron decisiones de compra. Conducta de quienes están a cargo de dar mantenimiento.
Medio ambiente (ambiente de proceso)	Factores físicos (iluminación, humedad) y sociales.	Conducta de quienes tomaron decisiones respecto a los elementos que condicionan el ambiente en donde se realiza el proceso. Conducta de quienes son responsables de mantener el ambiente de proceso de manera apropiada.
Mediciones	Sistema de medición y verificación. Plan de control de calidad.	Conducta de quienes tomaron la decisión de qué medir en el proceso y a qué prestar atención. Conducta de quienes hacen mediciones y usan los datos.

Nota: Solo para no cambiar las siglas de las 6M dejé mano de obra. Considero que las personas no son un solo factor productivo: son las personas que usan factores productivos.

¿Qué comportamientos generaron las causas técnicas?

Cuando usted esté haciendo el análisis de causa raíz, pregúntese: ¿qué comportamientos originaron las causas que usted encontró (y que están presentes de forma repetida en el nivel en que se encuentra la conducta y que es repetitivo)? Por ejemplo, es común encontrar estas causas en los análisis de causa raíz:

- **Causa técnica**: El material no era resistente, por ello se rompió el eje del motor o de la mezcladora. Al preguntar por las conductas raíz, llevaría a explorar el porqué se tuvo un equipo cuyo material no era resistente; en algún nivel de la organización se tomaron o se toman decisiones que llevan a tener equipos que no cumplen las especificaciones. Estas decisiones están motivadas por prioridades en el negocio y estas prioridades son las conductas que influyen en otras conductas.

- **Causa técnica**: El personal no revisó las etiquetas antes de iniciar la producción. Si bien esta causa está mostrando una conducta, podríamos explorar las conductas que llevaron a que el personal no revise las etiquetas; podría revisarse si hubo rotación de personal decidida por una jefatura o si hubo cambios de lotes de etiquetas no informados oportunamente.

Con este enfoque, el de buscar los comportamientos raíz, no estoy diciendo que el enfoque que usted usa no sea adecuado; lo que sugiero es agregar la dimensión conducta al análisis de causa raíz. Esto implica buscar los comportamientos raíz. Tenga cuidado de irse al extremo de buscar culpables: se deben evidenciar las conductas que originaron los problemas y no los culpables. Siempre un comportamiento raíz está originado en un contexto que se debería describir como parte del análisis de causa raíz.

Dimensiones del comportamiento raíz

Considerando lo anterior, cuando analizamos comportamientos raíz deberíamos mirar en dos dimensiones de conducta:

- **Los comportamientos directos**: son conductas que generaron el problema; por ejemplo, en el caso de que las etiquetas del producto no queden bien colocadas, los comportamientos inmediatos los tienen los responsables de la ejecución de la tarea y el jefe directo. Estas son consecuencias de los comportamientos no directos o subyacentes.
- **Los comportamientos subyacentes**: son aquellos comportamientos que dieron origen a una serie de

comportamientos directos. Estos comportamientos se alojan en las jefaturas departamentales, jefes de división o gerencias. Estas conductas se generan considerando un contexto en el cual las jefaturas realizan su trabajo, lo cual está condicionado por los objetivos de la organización, los cambios que se deben abordar, los recursos disponibles y factores externos que impactan a la organización.

> *El comportamiento directo es el síntoma. El comportamiento subyacente es la causa.*

Figura 16. Esquema de los comportamientos subyacentes.

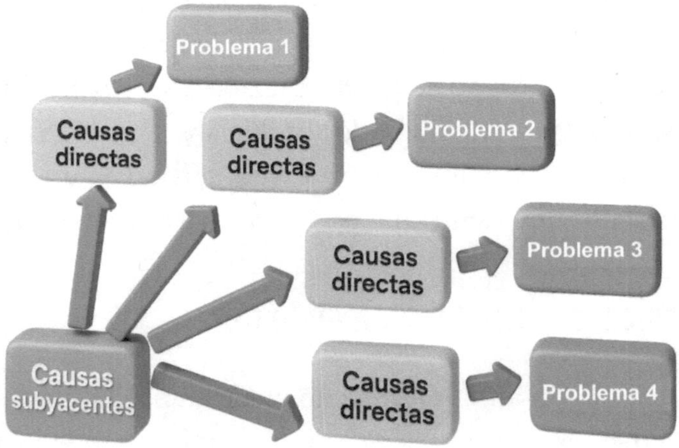

Decisiones estratégicas que moldean conductas

Un ejemplo de comportamientos subyacentes que generan causas directas es la decisión respecto a priorizar inversiones cuando hay presiones por reducir costos de producción. Esta información es entregada a las divisiones de la empresa e inicia una serie de decisiones que incluye no mejorar o reparar la infraestructura y las condiciones del proceso; estos generan mayor cantidad de material físico que se desprende, lo que puede contaminar el producto; generan mayor posibilidad de accidentes laborales, entre otros problemas. La persona responsable de saneamiento, al ser notificada de reducir costos, decide no adquirir materiales resistentes para hacer limpieza (por ejemplo, escobas), decide no contratar a personas para que apoyen en actividades de limpieza; como consecuencia, se tiene que los utensilios se deterioran rápido y generan contaminación física; también el área no permanece limpia, lo que aumenta la posibilidad de contaminación del producto (cuyo impacto, si fuera un alimento, se daría en el consumidor).

Otra de las dimensiones de las conductas —ya sea las subyacentes que luego motivan las conductas directas e indirectas— son las decisiones que se tomaron como parte de la planeación del negocio y los resultados a alto nivel que definen los dueños de la empresa o el directorio. Estas decisiones pueden ser, por ejemplo, reducir costos, mejorar productividad, expandirse a nuevos mercados, cambiar personal tras análisis de rendimientos. Estas decisiones generan comportamientos alineados a las prioridades que el personal de alto nivel promueve. Se debería tener cuidado de que los comportamientos motivados por estas prioridades de alto nivel no vayan en contra de la calidad, la inocuidad (en el ámbito de alimentos), el cumplimiento legal y otros ámbitos que son necesarios para la viabilidad de la empresa. Quienes toman decisiones a alto nivel debieran ver el panorama completo y revisar, estimar o valorar cómo las decisiones de alto nivel pueden afectar a las dimensiones del producto.

Tres preguntas clave para líderes

John Maxwell, en su libro *El manual del liderazgo*, menciona que el excapitán de la Marina de Estados Unidos, Michael Abrashoff, dijo: «Cuando no me era posible obtener los resultados que deseaba, me tragaba mi temperamento y me examinaba para ver si yo era parte del problema. Me hacía 3 preguntas:[80]

1. ¿Comuniqué con claridad las metas?
2. ¿Les di tiempo y recursos suficientes a las personas para cumplir la tarea?
3. ¿Les di capacitación suficiente?

Estas tres preguntas hablan de comportamiento; es decir, si no se tienen los resultados que deseamos, deberíamos examinar nuestra conducta y, si somos jefaturas o gerencias, deberíamos hacernos estas tres preguntas y, al responderlas, nos daremos cuenta de que nuestra conducta fue la causante de la mayoría de los problemas.

En conclusión, el análisis de causa raíz de los problemas debiera tener la dimensión de análisis de comportamiento raíz y considerar que el comportamiento que originó de forma directa el problema pudo haber sido generado por una decisión en otra área o por una jefatura, considerando las decisiones de alto nivel que se toman en las organizaciones. Cuando se definan prioridades estratégicas, se deberá ver el panorama completo a fin de no afectar variables importantes para la viabilidad de la empresa, y esta responsabilidad es de quienes dirigen la organización.

El análisis de causa raíz debe evolucionar: **no basta con encontrar la causa técnica; es necesario entender qué conductas y decisiones la generaron**.

Esto exige mirar más allá del operario o del procedimiento fallido y preguntarse:

- ¿Qué decisiones se tomaron?
- ¿Qué prioridades influyeron en esas decisiones?

80 Maxwell, J. (2007). *El manual del liderazgo*. Editorial Grupo Nelson.

- ¿Qué cultura organizacional toleró o incentivó esas conductas?

> *Todo problema técnico tiene una causa conductual. Y toda conducta nace de decisiones en contextos que debemos comprender y transformar.*

28
No es suficiente solucionar no conformidades, debemos aprender de ellas

Cada no conformidad encierra una oportunidad de crecimiento: reaccionar corrige, aprender transforma.
ALBERTO IBAÑEZ NERI

En toda organización, los problemas son inevitables. En el ámbito de los sistemas de gestión, estos problemas reciben el nombre de **no conformidades**, entendidas como incumplimientos de requisitos previamente establecidos. Su origen suele estar en **errores cometidos en los procesos** o en **decisiones pasadas que revelan fallas de conducta**.

> *De hecho, toda falla técnica en algún momento fue consecuencia de una falla de comportamiento humano.*

Las empresas suelen aplicar metodologías para abordar estas no conformidades en dos niveles:

- Reaccionar para contener el problema, evitar que escale y mitigar sus efectos inmediatos.
- Prevenir su recurrencia, mediante acciones que busquen eliminar la causa raíz y asegurar que no vuelva a repetirse.

Sin embargo, muchas veces estos esfuerzos no logran resultados sostenibles. Esto ocurre por dos motivos principales:

- Se implementan acciones que no atacan la verdadera causa raíz.
- No se generan aprendizajes que permitan evitar el mismo error en el futuro.

Figura 17. Niveles de acciones frente a un problema.

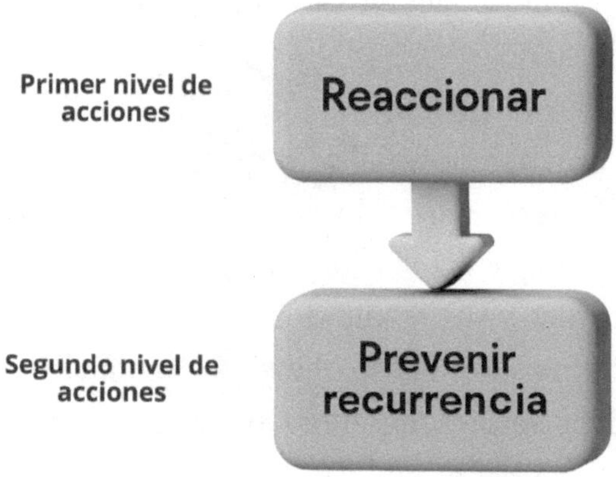

En consecuencia, cada no conformidad debe ser vista como una oportunidad de aprendizaje. Más allá de reaccionar y corregir, lo esencial es extraer lecciones que fortalezcan los procesos y la cultura organizacional.

Para que los problemas se conviertan en aprendizaje real, las organizaciones deberían aplicar las siguientes prácticas:

- Revisar no conformidades similares en el historial, junto con sus causas y acciones implementadas.
- Documentar estrategias transversales que puedan aplicarse a múltiples procesos.
- Incorporar las acciones en los procesos, no como medidas aisladas, sino integradas a la estructura del sistema de gestión.
- Aplicar mejoras en los productos o servicios, adaptando diseños o características para evitar la repetición de fallas.

- Sociabilizar los problemas y soluciones, de manera que el aprendizaje sea colectivo y no quede limitado a un área.
- Identificar y corregir los comportamientos que dieron origen a la no conformidad, rediseñando procesos para moldear la conducta deseada.
- Revisar los riesgos asociados a las no conformidades y redefinir acciones de gestión de riesgos cuando sea necesario.

Para que esto sea posible, se requiere de sistemas de información sólidos, con bases de datos que permitan identificar, relacionar y analizar no conformidades pasadas, junto con las acciones aplicadas y sus resultados.

Cuando los problemas se abordan de manera aislada y sin visión sistémica, se pierde la posibilidad de aprender. En cambio, cuando se revisan y aplican acciones transversales, las no conformidades dejan de ser simples incidentes y se convierten en lecciones aprendidas que fortalecen la organización.

29
No es suficiente ver los problemas en el ámbito operativo, debemos ver en los jefes

Las fallas visibles son solo síntomas;
las verdaderas causas se gestan
en las decisiones invisibles de quienes dirigen.
ALBERTO IBAÑEZ NERI

Cuando surgen no conformidades o desviaciones en el cumplimiento de los requisitos, la práctica habitual es buscar la causa en lo visible y cercano al proceso: fallas en las máquinas, deficiencias en el ambiente de trabajo, errores cometidos por el personal operativo, problemas en los materiales utilizados o incluso en los métodos aplicados. En algunos casos, se busca señalar culpables directos, en lugar de identificar los comportamientos que realmente originaron la situación.

Este enfoque, aunque común, presenta un sesgo crítico: se concentra en la superficie y en los niveles operativos, sin considerar que las verdaderas fuentes de los problemas suelen estar en las decisiones tomadas por las jefaturas.

Las jefaturas son responsables de diseñar las tareas que ejecuta el personal, de definir qué se mide y cómo se controla, de decidir qué conocimientos se transmiten y qué competencias se priorizan. Además, son quienes eligen qué infraestructura adquirir, qué tecnologías implementar, qué cultura organizacional fomentar y hasta qué perfiles contratar. En consecuencia, **la mayoría de los problemas tienen su origen en las decisiones directivas** más que en los errores operativos.

A diferentes niveles de la jerarquía se toman decisiones que condicionan la eficacia de la organización:

- **Alta dirección**: define recursos, valores, políticas, productos y servicios que se entregarán. También decide en qué ámbitos de gestión se concentrarán los esfuerzos.
- **Mando medio**: traduce esas directrices en actividades operativas, define cómo se organiza el trabajo y a quién se delega cada responsabilidad.

> *Toda falla técnica es consecuencia de una decisión tomada previamente por un jefe o líder.*

Si en estos niveles no existe un enfoque estratégico claro hacia lo importante —como la inocuidad alimentaria, la calidad o la sostenibilidad—, las decisiones se fragmentan y se transfieren verticalmente sin coherencia, debilitando los resultados finales.

Un ejemplo frecuente en la industria alimentaria ilustra este punto: la alta dirección suele crear un departamento de aseguramiento de la calidad o inocuidad, asignándole la responsabilidad total del tema. Sin embargo, se ignora que la verdadera responsabilidad recae en el área de producción, pues es ahí donde se impacta directamente en el producto. Este desalineamiento de responsabilidades genera conflictos, resistencia y, finalmente, problemas de inocuidad.

La sola decisión de la gerencia de haber creado el área y no haber asignado la responsabilidad por la calidad o inocuidad del producto a las áreas operativas permite que existan problemas de inocuidad del producto. No quiero decir con esto que no se tenga un área de aseguramiento de la inocuidad; mi postura es que se debe considerar a los elementos claves, como la inocuidad del producto, como eje de la toma de decisiones en materia de asignar responsabilidades en todos los puestos que tienen impacto directo e indirecto en el producto.

En la sección anterior sobre análisis de causas raíz, ya se mencionó que el **«comportamiento raíz»** no siempre reside en los niveles operativos; con frecuencia, está en las decisiones tomadas en la **alta dirección o mandos medios.**

¿Por qué, entonces, se buscan las causas solo en lo operativo? Hay cuatro razones principales:

- Es más visible identificar dónde apareció el problema que investigar dónde se originó.
- Es más fácil asignar responsabilidad al nivel operativo, en lugar de cuestionar decisiones superiores.
- Es incómodo para las jefaturas reconocer que ellas pudieron haber causado el problema.
- Existen puntos ciegos del mando, generados por estilos de dirección autoritarios que inhiben la retroalimentación desde los niveles inferiores.

Estos «puntos ciegos del mando» impiden ver que muchas de las fallas provienen de decisiones erróneas en niveles superiores. Solo superando estos puntos ciegos y revisando la calidad de la toma de decisiones en las jefaturas se puede lograr una resolución eficaz y sostenible de los problemas.

> *Los puntos ciegos del mando impiden ver que las decisiones de las jefaturas son causa de los problemas.*

En conclusión, **la eficacia en la gestión no está en culpar al nivel operativo, sino en indagar en las decisiones que tomaron los líderes y jefaturas.** No siempre ellos serán la causa, pero con frecuencia lo son, porque son quienes determinan los recursos, la organización del trabajo y las prioridades de gestión.

Ir más allá de la gestión
Las tareas esenciales para el liderazgo

En esta sección describo elementos e ideas acerca del liderazgo orientado a la gestión, es decir, para hacer que las cosas ocurran dentro de las organizaciones, considerando fuentes teóricas y prácticas del liderazgo. Es necesario que los líderes mejoren sus competencias en aplicar el liderazgo, ya que la persona más difícil de liderar es usted mismo, y hay una buena cantidad de libros que hablan de cómo mejorar las habilidades como líder. El propósito de esta sección no es ser una guía exhaustiva de cómo ser líder o cómo aplicar el liderazgo. Si el lector quiere aprender más sobre liderazgo, puede usar las referencias que se dejan en este libro.

En esta parte describiré las siete tareas que, según mi comprensión de las tareas del liderazgo, todo líder debe realizar para que se vaya más allá de la gestión; no pretendo ser prescriptivo en esta parte. El lector debería profundizar aún más en los fundamentos de la cultura organizacional y en el arte del liderazgo para ser eficaz en su tarea de conducir a una organización, un área dentro de la organización e incluso su vida personal y familiar.

Gestión y liderazgo en un mundo cambiante

Como ya hemos mencionado, la gestión involucra dirigir y controlar a una organización y, a nivel metodológico, se aplica el ciclo PDCA como método central de la gestión. Sin embargo, en un mundo cambiante (denominado VUCA —por inglés, volátil, incierto, complejo y ambiguo—), ya no es suficiente solo hacer gestión; debemos ir más allá de ella, en donde podamos liderar las organizaciones.

Edgar Schein nos ayuda a diferenciar lo que es gestionar y lo que es liderar: «La gestión todavía significa mantener una operación en marcha a un nivel razonable de estabilidad, calidad y seguridad, pero debe incluir una rápida adaptación a las fuerzas disruptivas tanto desde fuera como desde dentro de la organización. Liderar incluye ser capaz de replantear lo que se hace y cómo se hace, así como construir las relaciones que permitirán la comprensión y la implementación de nuevos y mejores enfoques», para lo cual lo sintetiza como: «Liderazgo es hacer algo nuevo y mejor».[81]

Considerando lo anterior, el verbo gestionar implica hacer que los procesos se ejecuten de manera correcta para ser eficaces; esto implica cumplir con los protocolos y asegurar que se hace de forma correcta. Para hacer gestión, implica que se definan responsabilidades y se anticipen errores en los procesos que podrían llevar a no ser eficaces. Gestión también implica hacer seguimiento e identificar desviaciones y hacer las correcciones para mantener estabilidad de los procesos y ser eficaces según los planes. Un ámbito que también involucra la gestión es hacer frente a cambios, ya sean internos o externos, que aseguren que los procesos se mantienen en marcha.

Como mencionaba Edgar Schein, liderar implica hacer que el proceso sea mejor, más adaptable, incluso innovador. Lo anterior implica aprender nuevas cosas y movilizar a las personas en esa dirección. En la gestión, a las personas se les debe influir para que se apeguen a los protocolos; en el liderazgo, implicará influir en las personas para que sean mejores en lo que hacen. Lo anterior hace que el liderazgo no solo lo ejerzan personas de alto nivel de la organización; este puede emerger en cualquier nivel.

81 Schein, E. H. y Schein, P. A. (2019). *The corporate culture survival guide* (3rd ed.). Editorial Wiley.

Dado que lo nuevo y mejor y lo actual se requiere que se ejecuten en los procesos, el liderazgo siempre será una función para ejercer influencia en las personas para que estas apliquen los protocolos y que los procesos sean eficaces y para que estos se hagan de mejor forma. El liderazgo, en una organización, siempre se aplicará en el contexto de las tareas que hacen las personas.

La gestión por sí sola no es suficiente, ya que no es una máquina que se enciende, se asegura de sus suministros y se actualiza para que siga mejorando. Hacer gestión se hace con las personas y para las personas; por ello, no es suficiente que hoy veamos de forma parcializada la gestión como un mero recurso pragmático que nos ayudará a lograr los resultados.

La gestión es una conceptualización o invento que se aplica solamente en el ámbito de organizaciones humanas, en el que el elemento central de la gestión son las personas. La gestión implica hacer que funcionen los sistemas que están constituidos por elementos que interactúan. La interacción de elementos de los sistemas la dirigen las personas; por ello, no es suficiente disponer de los elementos de los sistemas y de las personas: se deberá trabajar para que las personas sean quienes hagan interactuar de forma eficaz a los elementos de los sistemas. Esto involucra que la interacción de los elementos de los sistemas se basa en la interacción de las personas. La calidad de esta interacción define la eficacia de las organizaciones. Esta es otra razón más para afirmar que no son suficientes los sistemas ni establecer los métodos para la gestión: se debe considerar la calidad de interacción de las personas.

Cuando las empresas comprenden que el elemento central en la gestión son las personas, los resultados suelen llegar. Esto implica que, una vez fijado qué resultados queremos tener, los ejecutivos deberían centrarse en las personas y no en los resultados; de lo contrario, será frustrante estar viendo cada día los resultados. Esto sería similar a si alguien quiere bajar de peso y se pone el objetivo de hacerlo en 1 año (cierta cantidad de kilos) y todos los días midiera su peso y viera que no tiene resultados significativos de un día para otro, llegando a frustrarse. Por ello, las personas que se fijan objetivos de este tipo —relacionados con salud o economía— terminan abandonando el proyecto y vuelven a las actividades que los llevaron hasta ahí. Lo que se debería hacer, en el ejemplo de bajar de peso, es ponerse a trabajar en el día a día, cambiando hábitos de alimentación, cambiando horarios de sueño y otros factores que lo llevarían a lograr el resultado; es decir, debería centrarse en la persona y no en el resultado. Entonces, no es suficiente definir resultados a lograr: debemos centrarnos en las personas para lograr el resultado.

Para ir más allá de la gestión y ser sostenibles, debemos trabajar en desarrollar una cultura organizacional basada en el liderazgo, ya que, como menciona Edgar Schein, una de las funciones decisivas del liderazgo es la creación y, cuando sea necesario, la destrucción de la cultura.

Primera tarea: el liderazgo inicia con la decisión de ser líder

Los líderes ayudan a moldear la cultura de su organización, basados en lo que son y en lo que hacen (p. 117).[82] Lo que son tiene que ver con las cualidades del líder, y estas cualidades están relacionadas con lo que valora. Lo que hace el líder está influido por sus valores y por las presiones que recibe para lograr resultados desde otros líderes o desde factores externos. Mientras más alto es el nivel que ocupa un líder, sus acciones están más influidas por los valores y creencias que posee; sus decisiones se basarán en la información externa que reciba; sin embargo, los valores y creencias son los que definirán su conducta. Por el contrario, un líder de área que tiene a su cargo un equipo de

82 Maxwell, J. (2011). *Las 21 leyes irrefutables del liderazgo*. Editorial Grupo Nelson.

trabajo verá sus acciones más influidas por la información que reciba de sus líderes superiores. Si el líder superior no tiene una orientación clara respecto de sus valores, influirá directamente en las acciones que ejecuten los líderes intermedios.

Dicho de otra manera, el «ser» del líder influye en su conducta, que a su vez incide en la conducta de otros líderes intermedios. Para poder liderar a otros, el líder debe liderarse a sí mismo: el liderazgo de uno mismo es la habilidad de gestionar nuestros pensamientos, comportamientos y acciones (p. 27).[83] Dicho de otra manera, el líder debe cambiar su forma de verse a sí mismo y aprender a manejar sus emociones; para esto es necesario que cambie su mente (en este libro no profundizaremos en estos temas; recomendamos revisar el libro *La mente del líder*); es allí donde inicia el liderazgo.

Las conductas del líder están influenciadas por los valores y creencias: estos elementos modelan nuestros pensamientos, y estos pensamientos modelan nuestras acciones y la forma en que el líder dirige a los demás. Por ello, es necesario liderar la mente; sin esto, el líder no puede ser eficaz en el liderazgo de los equipos de su organización.

En la ley de la imagen que John Maxwell describe en su libro *Las 21 leyes irrefutables del liderazgo*, se afirma que «cuando mejores sean las acciones del líder, mejores serán las acciones de su gente» (p. 167).[84] Para que el líder influya a través de sus acciones, deberá alinear su visión, sus sueños y sus valores con su conducta, y deberá ser aceptado por las personas primero como persona y como líder para que luego se acepte su sueño o visión. Si el líder no es aceptado como persona y no es seguido como individuo, no se seguirá el sueño.

Entonces, los líderes son el ejemplo, a través de sus acciones, de las acciones de las personas de su equipo. Esto suele suceder

83 Hougaard, R. y Carter, J. (2018). *La mente del líder*. Editorial Reverté.
84 Maxwell, J. (2011). *Las 21 leyes irrefutables del liderazgo*. Editorial Grupo Nelson.

en un entorno en donde el liderazgo es esencial: el hogar. Si usted es padre de familia, sabe que su hijo o hija primero lo aceptó a usted como su líder y luego sigue sus acciones. Así como los niños observan y copian las acciones de sus padres, los empleados observan y copian la conducta de sus jefes. Si los jefes no dicen la verdad, tampoco lo harán las personas; empezarán a creer que tienen ese mismo privilegio. Los seguidores pueden dudar de lo que los líderes dicen, pero por lo general creen en lo que hacen (p. 170).[85]

Si los líderes son responsables del comportamiento de las personas de su equipo de trabajo, para mejorar la conducta de estas el líder debería actuar como precursor, como motivador del cambio. Sin embargo, un gran peligro es la tentación de intentar hacer cambiar a los demás sin cambiar el líder mismo (p. 170).[86]

El camino del liderazgo es, ante todo, un camino de transformación. Y toda transformación comienza en el líder antes de extenderse hacia sus seguidores. Un líder que no cambia difícilmente podrá inspirar cambios en los demás. Por eso, el primer paso es siempre interno: la mente, las convicciones y los hábitos del líder deben renovarse para abrir paso a una nueva forma de liderar.

Las dimensiones del cambio pueden comprenderse, al menos, en tres aspectos fundamentales:

1. **La forma de relacionarse con los demás**
   El líder debe aprender a relacionarse con generosidad, respeto y paciencia. No se trata solo de dirigir, sino de acompañar. Hay que entender que, en el proceso de transformación, las personas se equivocarán, retrocederán y necesitarán guía. El líder que se transforma en su

85 Maxwell, J. (2011). *Las 21 leyes irrefutables del liderazgo*. Editorial Grupo Nelson.
86 Maxwell, J. (2011). *Las 21 leyes irrefutables del liderazgo*. Editorial Grupo Nelson.

manera de relacionarse sabe corregir sin herir, motivar sin presionar y guiar sin controlar.

2. **El lenguaje y la comunicación**
   Las palabras de un líder son semillas que moldean la cultura. Cambiar el lenguaje es cambiar la manera en que se transmiten los valores y se construye el compromiso. Un líder que habla de la importancia de la puntualidad, que comunica con claridad los beneficios de actuar a tiempo y que celebra los avances, está sembrando en su equipo un nuevo estándar.

3. **Las acciones y la coherencia**
   Ninguna palabra tendrá poder si no está respaldada por acciones visibles. El líder debe ser el primero en vivir lo que predica. Si se exige puntualidad, el líder debe ser puntual. Si se pide compromiso, el líder debe demostrar entrega. La acción coherente es el testimonio silencioso, pero más contundente, del liderazgo auténtico.

> *El líder transforma primero su mente, luego su lenguaje y, finalmente, sus acciones; solo así podrá transformar a los demás.*

Un ejemplo sencillo puede ilustrar este principio. Si en una organización se busca fortalecer la puntualidad:

- El cambio en las acciones exige que el líder llegue siempre a la hora.
- El cambio en el lenguaje implica que el líder comunique con convicción por qué la puntualidad es clave y cómo impacta en los resultados colectivos.

- El cambio en la forma de relacionarse requiere que el líder acompañe a su equipo en este proceso, comprendiendo los tropiezos y retroalimentando con respeto y generosidad.

En definitiva, el liderazgo es un proceso de cambio integral: en cómo se piensa, en cómo se habla y en cómo se actúa. Solo cuando estos tres aspectos se alinean, el líder se convierte en un verdadero agente de transformación.

Segunda tarea: mejorar el liderazgo, liderazgo centrado en las personas

Liderar o aplicar herramientas de liderazgo significa, ante todo, poner a las personas en el centro. La gestión se orienta a los procesos, porque son estos los que permiten obtener resultados. Sin embargo, detrás de cada proceso siempre hay personas que lo ejecutan, lo supervisan y lo hacen posible. Por eso, mientras la gestión asegura la eficiencia de los procesos, el liderazgo garantiza la efectividad de las personas que los conducen.

Un error frecuente es pensar que el liderazgo corresponde únicamente a quienes ocupan posiciones altas en la jerarquía, como los gerentes o directores. En realidad, el liderazgo debe ejercerse y fortalecerse en todos los niveles de la organización. Cada persona que tiene la responsabilidad de influir en otros —ya sea un supervisor de línea, un jefe de turno o un gerente general— tiene también la oportunidad y la obligación de liderar.

John Maxwell lo resume con claridad: «El 99 % del liderazgo no se da desde la cima, sino desde la zona intermedia de una organización». En la mayoría de las empresas existe una sola persona en la cúspide,[87] pero cientos o miles en los niveles

87 Maxwell, J. (2007). *Líder de 360º*. Grupo Editorial Nelson.

intermedios, donde ocurre la verdadera interacción diaria con los equipos.

Por esta razón, el liderazgo más decisivo no es el de la cúpula, sino el de la zona intermedia. Allí se despliega la estrategia en acciones concretas, se transmiten los valores de la organización y se orienta al personal de base hacia el logro de resultados. No obstante, este es también el liderazgo más desafiante, porque exige influir hacia arriba y hacia abajo al mismo tiempo: inspirar a quienes están a cargo y, a la vez, responder a las demandas de la alta dirección.

En consecuencia, los líderes de niveles altos tienen una responsabilidad clave: desarrollar y empoderar a los líderes intermedios. Son ellos quienes multiplican la visión, aterrizan las decisiones y logran que las personas en el nivel operativo sientan que forman parte de un propósito común. De esta forma, el liderazgo se despliega centrado en las personas, tarea que solo puede ser desempeñada por los líderes.

Tercera tarea: la influencia positiva del líder y su plan de desarrollo

Si usted está en la posición de liderar (siendo jefe de un área o responsable de una compañía completa), deberá comprender que la mejor manera de lograr resultados es convirtiéndose en un líder. Todos tenemos un nivel de liderazgo, y ese nivel será el tope de los resultados del líder. Como dice John Maxwell, «la capacidad del liderazgo, para bien o para mal, determina la eficacia y las posibilidades a desarrollar» (p. 117).[88]

El líder es, por naturaleza, una figura de influencia. Esa influencia es poderosa y, por lo tanto, debe ejercerse con responsabilidad. No basta con dirigir: la influencia del líder debe ser

88 Maxwell, J. (2011). *Las 21 leyes irrefutables del liderazgo*. Editorial Grupo Nelson.

positiva, orientada a desarrollar a las personas y a generar resultados que beneficien no solo al equipo inmediato, sino también a todos aquellos que se encuentran dentro del alcance de su liderazgo.

Asumir esta responsabilidad implica comprender que el liderazgo exige preparación. Si usted ocupa una posición de liderazgo, debe reconocer que los resultados que obtenga estarán directamente relacionados con la calidad de su influencia. Si no desarrolla sus capacidades de líder, difícilmente cambiarán los resultados, ni en usted ni en el entorno que lo rodea.

De allí surge la necesidad de contar con un **plan de desarrollo personal como líder**. Este plan comienza con una decisión fundamental: la decisión de ser líder. No se trata de un cargo, un título ni un nombramiento. El verdadero liderazgo es un reconocimiento que proviene de las personas; se gana con coherencia, ejemplo y servicio.

La decisión de liderar debe ponerlo en movimiento hacia la mejora continua. No basta con declararse líder: es necesario iniciar un proceso consciente de desarrollo que se exprese en nuevos hábitos, actitudes y comportamientos. En este camino habrá errores, incluso más de los que imagina. Pero el valor de un líder no está en no equivocarse, sino en **saber reconocer sus errores, aprender de ellos y crecer con humildad**. Esa capacidad de aprendizaje marca la verdadera diferencia en un liderazgo transformador.

Dentro del plan de desarrollo de un líder deben contemplarse al menos cuatro dimensiones:

1. **Desarrollo personal**: implica fortalecer la autoconciencia, la inteligencia emocional, la resiliencia y otras habilidades humanas que forman la base del carácter.

2. **Desarrollo en las relaciones con los demás**: requiere cultivar habilidades sociales, empatía, escucha activa y capacidad para generar confianza y colaboración.
3. **Desarrollo en capacidades técnicas y de gestión**: se orienta a dominar las competencias profesionales y organizacionales necesarias para ser excelente en su labor y garantizar resultados efectivos.
4. **Desarrollo físico**: un líder debe cuidar de su cuerpo y su energía, manteniendo hábitos saludables de alimentación, ejercicio y descanso, porque un líder agotado o enfermo ve disminuida su capacidad de inspirar y guiar.

Los dos primeros aspectos están directamente vinculados al corazón del liderazgo: las habilidades para guiar e influir en las personas. El tercero se centra en la eficacia dentro de los procesos organizacionales y no podrá ser plenamente desarrollado si los dos primeros no han sido trabajados con solidez. El cuarto aspecto es el sustento vital que asegura la energía necesaria para sostener las exigencias del liderazgo.

> *El liderazgo no es un cargo: es una decisión respaldada por un plan de desarrollo y un compromiso constante con crecer y servir.*

Finalmente, el desarrollo del líder exige **autoconocimiento**. Conocerse a sí mismo es indispensable para crecer. Esto implica reconocer fortalezas y debilidades con honestidad. Y, si no es capaz de identificarlas por sí solo, puede apoyarse en su círculo cercano: familiares, amigos o colegas. A veces son ellos quienes nos muestran con claridad lo que no vemos. En mi caso personal, al preguntar a mi familia descubrí una verdad incómoda: yo no sabía escuchar, aunque estaba convencido de que sí lo hacía. Ese descubrimiento se convirtió en un punto de partida para mejorar.

Cuarta tarea: desarrollar a las personas

El desarrollo de las personas es un ámbito esencial del liderazgo. No se trata de una tarea opcional, sino de una responsabilidad directa del líder. En este libro considero que el tema es tan vital para trascender la mera gestión que merece un capítulo completo, dedicado a describir un enfoque integral para desarrollar a las personas.

Desarrollar no es solo capacitar. Existe una diferencia fundamental entre **capacitar y desarrollar**.

- **Capacitar** significa entregar conocimientos técnicos para realizar tareas específicas dentro de un proceso.
- **Desarrollar** implica ir más allá: consiste en cultivar habilidades, actitudes y competencias que fortalecen a la persona en su conjunto. Por ejemplo, aprender a manejar el tiempo, practicar la empatía, desarrollar la resiliencia o mejorar la capacidad de comunicación. Estos aspectos no están ligados únicamente a una tarea puntual, sino al crecimiento integral del individuo.

Este aspecto lo hemos tratado en secciones anteriores. Forma parte de lo esencial del liderazgo para desarrollar una cultura de grandeza dentro de la organización.

Para desarrollar a las personas, el líder debiera considerar las fortalezas de su equipo y proporcionarles las condiciones de crecimiento en ese ámbito. Otro de los aspectos del desarrollo del personal incluye mejorar sus habilidades humanas y sociales para que aumenten la capacidad de trabajo en equipo. En realidad, todas las personas debieran desarrollarse en los cuatro aspectos mencionados anteriormente; dicho de otra forma, toda persona debiera desarrollar su capacidad de liderazgo, tal como describe Robin Sharma: «El liderazgo tiene que ver con la excelencia de tu trabajo y de tu comportamiento».[89]

Un líder que busca desarrollar a su equipo debería considerar al menos cuatro principios:

- **Partir de las fortalezas**. Identificar lo que cada persona hace mejor y brindar oportunidades de crecimiento en ese ámbito.
- **Potenciar habilidades humanas y sociales**. Mejorar la comunicación, la empatía, la capacidad de colaboración y la inteligencia emocional, elementos que permiten un verdadero trabajo en equipo.
- **Promover la autogestión y la disciplina personal**. Enseñar a manejar el tiempo, priorizar, asumir responsabilidades y crecer en autonomía.
- **Cultivar el liderazgo en todos**. No se trata de formar jefes, sino de inspirar excelencia en el trabajo y en el comportamiento, como lo expresa Robin Sharma: «El liderazgo tiene que ver con la excelencia de tu trabajo y de tu comportamiento».

El desarrollo de las personas no es un evento aislado ni un curso ocasional. Es un proceso continuo que combina formación, acompañamiento, retroalimentación y reconocimiento. El líder debe crear entornos que inspiren aprendizaje constante, retar a las personas a ir más allá de lo que creen posible y acompañarlas en el camino de convertirse en la mejor versión de sí mismas.

89 Sharma, R. (2024). *El líder que no tenía cargo* (1.ª ed.). Penguin Random House.

Quinta tarea: Crear una cultura orientada al propósito de la organización

La cultura es inherente a las organizaciones porque surge de la interacción entre las personas. Por esta razón, a menudo no es fácil de percibir a simple vista, a menos que realicemos un análisis de los patrones de comportamiento y definamos el tipo de cultura existente.[90]

Es importante destacar que la cultura se forma de manera natural cuando las personas se integran en grupos humanos, como en una organización.

Utilizaremos la definición de Edgar Schein como definición de cultura, quien señala que «la cultura es el conjunto de supuestos y creencias aprendidas sobre los cuales las personas basan sus conductas diarias». Es importante destacar que en esta definición se incluyen los elementos «supuestos» y «creencias» como factores condicionantes que, una vez aprendidos, influyen en el comportamiento de las personas.[91]

Desarrollar la cultura que requieren las organizaciones también es función de los líderes. No se puede separar la cultura del liderazgo; por ello, «dime qué cultura tienes y te diré qué tipo de líder eres». Esta frase implica que, si describimos la cultura de una organización, determinaremos el tipo de liderazgo que tiene. Por ejemplo, si una organización tiene prácticas (comportamientos) orientadas a manejar costos, su cultura estará orientada a los costos y el liderazgo se orientará, también, a los costos.

La base de la gestión son las personas; por ello, es necesario el liderazgo para ser eficaces en los procesos. Al orientarse al liderazgo, como consecuencia, se desarrolla y mejora la cultura de la organización.

---

90 Ibáñez, A. (2024). *Cambia el comportamiento, cambia la cultura*. Editorial Ígneo.
91 Schein, P. (2017). *Organizational culture and leaders*hip (5.ª ed.). Editorial Wiley.

El líder o los líderes tienen la responsabilidad de crear la cultura dentro de la organización. El liderazgo inicia en la mente: la mente del líder genera las conductas del líder, y estas conductas modelan las conductas de las personas; esas conductas generan la cultura, que a su vez genera los resultados.[92] Lo anterior implica que el líder modifique su mente para transformar el comportamiento de las personas mediante el ejemplo y que revise las prácticas laborales y los procedimientos para ajustarlos a la forma de trabajar diseñada por el líder.

Figura 18: El líder moldea la conducta de las personas

Peter Drucker dijo que la «cultura se come a la estrategia en el desayuno». La cultura configura la personalidad de la organización, formada por todas las personas que comparten valores y creencias, que a su vez modelan las conductas. Por ello, si queremos saber el tipo de cultura (hacia dónde se orienta la empresa), se observan las conductas que comparten las personas y lo que valoran los líderes. La cultura de la organización es tan fuerte que, si se cambiaran las estructuras físicas de esta,

92 Hougaard, R. y Carter, J. (2018). *La mente del líder*. Editorial Reverté.

la cultura no variaría de forma rápida. Por eso, muchos líderes quieren aumentar o mejorar resultados cambiando la estructura física de la organización (aspecto que ayuda y es importante para los resultados); sin embargo, lo que es clave para mejorar resultados es la cultura que tiene la organización. El 90 % de las iniciativas de las organizaciones referidas a cambio organizacional fracasan porque no se tiene en cuenta la cultura dentro del desarrollo de la iniciativa.[93]

Ser líder no implica solamente estar a cargo de algo y ser responsable de los resultados y los recursos: ser líder implica moldear la conducta de las personas y la del mismo líder para lograr los resultados. El comportamiento del líder tiene una enorme influencia en la conducta de las personas dentro del trabajo, y esta influencia ocurre en casi todos los aspectos de la vida de las personas.

¿Por qué la conducta del líder influye fuertemente en la conducta de las personas? El motivo es que los líderes son visibles: todos los están viendo y emularán su conducta. A nivel neuronal, tenemos unas neuronas que se llaman neuronas espejo, que tienden a imitar la conducta de los demás, y son las que permiten que el líder influya en la conducta de las personas. El enfoque que tenga el líder hacia las personas moldeará la cultura de la organización. Si se quiere cambiar la cultura, se debe influir en las personas para que se identifiquen con el propósito de la organización.

Sexta tarea: Influir a través de los valores

Ya hemos comentado anteriormente que es necesario definir los valores. Si bien el cambio cultural se inicia en los valores, el solo hecho de declararlos no logra la cultura: esta no se forma

93 Hougaard, R. y Carter, J. (2018). *La mente del líder*. Editorial Reverté.

por sí sola; si fuera así, muchas organizaciones serían los lugares ideales para trabajar. Sin embargo, no es suficiente enunciar valores: estos deben ser vividos, especialmente por el líder, a través del ejemplo. Los valores deberán representar la conducta a la que se aspira. Todos los valores organizacionales son positivos y hay 20 valores corporativos más comunes que se repiten en las organizaciones y que son declarados por los líderes: integridad, respeto, innovación, trabajo en equipo, excelencia, atención al cliente, confianza, diversidad, responsabilidad, sinceridad, calidad, honestidad, pasión, seguridad, colectividad, servicio, colaboración, compromiso, gente y dedicación (p. 202).[94]

Los valores son las conductas que se espera tener y que, a su vez, modelan las conductas de las personas. Los valores son declarados por los líderes de alto nivel de la organización. La instancia de declarar los valores es fundamental, ya que allí inicia la cultura de la organización. Los valores practicados llevarán a modificar las creencias y las conductas de las personas. Sin embargo, esto no es de un día para otro ni es instantáneo: se deben sostener conductas alineadas a los valores para que, en el largo plazo, se arraiguen creencias y comportamientos que contribuyan a la eficacia de la organización.

Las acciones del líder se basan en los valores, ya sean los declarados o los que el líder practica y que no se han declarado. Esto puede ser inconsistente; sin embargo, siempre habrá valores conduciendo la conducta, primero del líder, y la conducta del líder moldea la conducta de las personas.

En muchas ocasiones, los líderes no aplican los valores que ellos mismos han declarado. En muchos casos, el actuar de los líderes no está alineado con la naturaleza de la actividad. Otro de los motivos por los que los líderes no practican los valores

94 Hougaard, R. & Carter, J. (2018). *La mente del líder*. Editorial Reverté.

declarados es que estos están desconectados de los objetivos empresariales (p. 202).[95]

Un ejemplo de la desconexión de las acciones del líder con los objetivos empresariales, y de cómo los objetivos moldeaban su actuar, es el caso de la empresa —hoy inexistente— The Peanut Corporation of America (PCA, por sus siglas en inglés), que, por miedo a perder ganancias, envió a sabiendas cacahuates contaminados con salmonela.[96] Algunos productos que no habían sido sometidos a pruebas de inspección fueron enviados con resultados de laboratorio falsificados. Según uno de los testimonios del tribunal, una vez se advirtió a Stewart Parnell (dueño y presidente de la PCA) que los resultados de las pruebas para la salmonela no iban a estar listos y que uno de los cargamentos se demoraría. Parnell respondió en el correo electrónico: «Mándalo ya, no puedo arriesgar perder otro cliente». Según otro testimonio, Parnell envió un correo electrónico a sus empleados quejándose de más de 1300 libras de productos que sobraban del empacado del cargamento. En el correo electrónico se quejaba del «desperdicio» y regañaba a los empleados: «¡Es... dinero que ya no tenemos debido al muchísimo tiempo que he permitido que tú, tú y tu equipo y todos los de allí de abajo dejen que pase esto!».[97]

Se puede asumir que el caso de la PCA es un extremo de la incoherencia de las acciones con los objetivos de la organización, con la naturaleza de las actividades y con los valores explicitados; sin embargo, suele ser común que los valores se declaren y se anuncien en eventos vistosos y se publiquen en carteles llamativos, pero no siempre están presentes en las actividades diarias en

95 Hougaard, R. & Carter, J. (2018). *La mente del líder*. Editorial Reverté.
96 Ethics Unwrapped. (2025). *Cobrando cacahuates contaminados*. Universidad de Texas en Austin. https://ethicsunwrapped.utexas.edu/video/cobrando-cacahuates-contaminados?lang=es
97 Ethics Unwrapped. (2025). *Cobrando cacahuates contaminados*. Universidad de Texas en Austin. https://ethicsunwrapped.utexas.edu/video/cobrando-cacahuates-contaminados?lang=es

todos los niveles de la estructura ni son el elemento que dirige las acciones de los líderes. Sin embargo, sabemos que la base de la creación de la cultura son los valores. Es posible que para los líderes represente un desafío crear una cultura organizacional basada en los valores, y no es tan sencillo como parece.

Para que los valores declarados realmente influyan en las personas, los líderes deben comenzar por reflexionar sobre sus propias acciones y contrastarlas con dichos valores. Este ejercicio requiere **atención consciente** (***mindfulness***): observar y analizar tanto la propia conducta como la de los demás, evaluando si están alineadas con los principios que el líder ha declarado. Solo mediante este análisis reflexivo es posible corregir el rumbo y ajustar acciones en coherencia con los valores.

Los principales medios para influir en la conducta de las personas a través de los valores son:

1. **Procedimientos**
   Si un valor declarado es la calidad o la inocuidad, los procedimientos —escritos o no— deben estar alineados con dichos valores. Los procedimientos marcan la conducta esperada en cada ámbito de trabajo y son el marco para lograr resultados. Alinear procedimientos con los valores es la primera forma tangible de hacer que estos se vivan en la organización.

2. **Criterios de procesos**
   Los criterios orientan la toma de decisiones. Definir criterios alineados con los valores permite que las personas actúen de acuerdo con ellos al momento de decidir. Funcionan como señales de tránsito en un viaje: guían el camino correcto hacia el destino.

3. **Sistema de medición**
   «Lo que se mide, se hace». Establecer qué parámetros y variables se seguirán y medirán en los procesos —en coherencia con los valores— es una de las formas más efectivas de influir en la conducta. La medición condiciona tanto los procedimientos como los resultados. Por ejemplo, si se declara como valor la productividad, la calidad, la inocuidad o el trabajo en equipo, los indicadores deben reflejarlo. Medir variables de proceso y conductas alineadas a los valores permite evaluar objetivamente si estos se están aplicando.

4. **Recursos**
   Valorar algo implica asignar recursos. Estos son indispensables para ejecutar los procedimientos y transformar los valores en prácticas reales. Debe existir coherencia entre el valor declarado, el procedimiento diseñado y los recursos disponibles.

5. **Competencias de las personas**
   Las competencias son la capacidad de aplicar conocimientos y habilidades para lograr resultados. Deben definirse en función de los valores. Por ejemplo, si se declara la «mejora continua» como un valor, será necesario que las personas desarrollen competencias en técnicas y métodos que les permitan aplicarlo.

6. **Ambiente de operación de los procesos**
   Las condiciones físicas y organizativas del entorno influyen directamente en la conducta. Si se valora el «orden», esto debe reflejarse en la disposición del ambiente: ubicación de equipos, materiales, señalización y organización del espacio de trabajo.

7. **Conducta de los líderes**
   La conducta del líder es el factor más visible y determinante. Los líderes modelan con el ejemplo: si se desea que las personas vivan los valores, los líderes deben ser los primeros en practicarlos. Por ejemplo, si el valor declarado es el trabajo en equipo, los líderes deben demostrar capacidad para colaborar, dirigir y generar sinergia con los demás.

> *Los valores no se declaran, se viven; y el líder es el primero que debe encarnarlos en sus palabras, decisiones y acciones.*

Séptima tarea: Desarrollar equipos de trabajo

Desde que nacemos estamos rodeados de personas: en la familia, en la escuela, en la universidad, en el trabajo. Desde la educación inicial se nos anima a compartir, a convivir y a cumplir tareas junto a otros. Más tarde, en el colegio o en la educación superior, se nos pide constantemente que realicemos trabajos «en grupo». Sin embargo, el hecho de estar con personas o de cumplir tareas en conjunto no significa, necesariamente, que sepamos trabajar en equipo.

Aquí surge una paradoja: se nos exige trabajar en equipo, pero rara vez se nos enseña cómo hacerlo. Aprendemos matemáticas, historia, ciencias o técnicas profesionales, pero casi nunca recibimos una formación estructurada en habilidades de colaboración, comunicación, resolución de conflictos o construcción de confianza. El resultado es que muchas veces confundimos «trabajar juntos» con «trabajar en equipo», cuando en realidad son dos cosas distintas.

El verdadero trabajo en equipo no surge por casualidad ni por decreto, sino que requiere intención, práctica y liderazgo orientado a un propósito común.

> *Estar rodeado de personas no significa trabajar en equipo; el trabajo en equipo se aprende, se practica y se lidera.*

En una organización, el trabajo se orienta de manera que pueda ser desempeñado de la mejor manera por seres humanos.[98] Este trabajo se organiza a través de la configuración de las actividades en los procesos y se espera que las personas lo desarrollen según se haya definido en los procedimientos. Se transfieren los procedimientos y se brindan los recursos (al menos eso se espera) para que se ejecuten las tareas. Como dice Peter Drucker, esto es la mitad del problema; la otra mitad es que tenemos que organizar a las personas para el trabajo. Si revisamos el enfoque de la administración o gerencia científica, se creía que las personas trabajan mejor si están organizadas como las máquinas, es decir, unidas y coordinadas en serie; sin embargo, eso no es correcto. Las personas trabajan bien de dos maneras: individualmente o en equipo.[99]

Para que una persona trabaje de manera individual, la tarea debe organizarse de forma integrada a partir de muchas tareas. Por ejemplo, el operador de una máquina que la hace funcionar según un instructivo de trabajo: desde encenderla, cargar los materiales y hacer los controles rutinarios para asegurar que se cumplen las especificaciones definidas en el producto. Este tipo de trabajo requiere el conocimiento detallado de las tareas y la disponibilidad de los recursos para ejecutarlas de manera eficaz.

Cuando las tareas son más complejas o requieren actividades paralelas, se necesita más de una persona y, si varias personas deben coordinarse, se requiere que trabajen en equipo. Un ejemplo donde se necesita trabajo en equipo es la impresión de

98 Drucker, P. F. (2012). *La gerencia de empresas*. Editorial Random House Mandadori S. A. Buenos Aires.

99 Drucker, P. F. (2012). *La gerencia de empresas*. Editorial Random House Mandadori S. A. Buenos Aires.

film para envases en impresoras de alta velocidad (equipos de hasta 100 metros de longitud y con muchas funciones). En este caso, se debe coordinar tareas en paralelo (carga de insumos, arranque de la línea, revisión de la salida de impresión, aprobación de arranque, ajuste de variables del equipo) en diversos momentos, al menos en el arranque de la máquina; posteriormente, podría ser operada por una sola persona.

Siempre que un proceso incluye múltiples tareas, requiere especialidades diversas o se desarrolla dentro de un proyecto complejo, surge la necesidad de que varias personas trabajen **en equipo**. No basta con que cada individuo realice su parte como en una cadena mecánica de trabajo en serie; el verdadero trabajo en equipo implica colaboración genuina, interacción constante y un compromiso compartido.

El trabajo en equipo es, ante todo, un **grupo social**. En él se establecen relaciones humanas donde el «pegamento» que mantiene unido al grupo no es la estructura formal ni la obligación, sino la **confianza**. Esa confianza genera la base para coordinar esfuerzos, compartir responsabilidades y alcanzar resultados que, de manera individual, serían inalcanzables.

Para afirmar que un grupo de personas realmente trabaja en equipo, deben cumplirse al menos tres condiciones esenciales (en una sección anterior hemos descrito algunos factores que permiten que esto ocurra):

1. **Un objetivo común y convincente**
   Los miembros deben estar unidos por una meta clara, con sentido y capaz de despertar compromiso. Un objetivo que motive a todos a remar en la misma dirección.

2. **Valores compartidos**
   El equipo debe sostenerse en principios y creencias comunes que guíen la conducta, la toma de decisiones y la

manera de relacionarse. Estos valores son la brújula que orienta al grupo incluso en momentos de dificultad.

3. **Normas que regulen la interacción**
   Todo equipo necesita reglas explícitas o implícitas que definan cómo se toman decisiones, cómo se resuelven conflictos, cómo se distribuyen responsabilidades y cómo se mide el desempeño. Estas normas crean orden y permiten que la energía del grupo fluya hacia los objetivos.

Cuando estos tres componentes se cumplen, los vínculos entre los miembros del equipo se fortalecen hasta generar un sentido de interdependencia: **creen que todos triunfarán o fracasarán juntos**. Esa convicción es lo que distingue al verdadero trabajo en equipo de la simple suma de esfuerzos individuales. En un equipo, los vínculos entre sus miembros son tan fuertes que creen que todos triunfarán o fracasarán unidos.[100]

> *Un grupo se convierte en equipo cuando lo une un objetivo común, se sostiene en valores compartidos y se regula por normas que fortalecen la confianza.*

La formación de equipos sólidos no es un resultado inmediato ni se consigue con una o dos reuniones ocasionales. Se trata de un proceso gradual que requiere tiempo, constancia y una inversión sostenida de energía. El verdadero desarrollo de equipos se construye paso a paso, a través de la influencia positiva y la perseverancia del líder.

Estos dos elementos —influencia y perseverancia— son pilares fundamentales del liderazgo. La influencia permite inspirar, orientar y moldear conductas, mientras la perseverancia garantiza que los esfuerzos no se diluyan frente a las dificultades o la

100 Harvard Business Review (2017). *Influencia y Persuación*. Editorial Reverté.

rutina. Juntas, crean el marco en el que un grupo de personas empieza a transformarse en un equipo.

El trabajo en equipo no surge de manera espontánea; es el fruto del liderazgo ejercido tanto en cada miembro como en el colectivo. Cada interacción, cada orientación y cada ejemplo del líder va sembrando la cultura de colaboración que, con el tiempo, madura en cohesión, confianza y resultados compartidos.

En este sentido, el desarrollo de equipos es tanto un reflejo del compromiso del líder como de la disposición de los integrantes. El líder que promueve con coherencia, constancia y visión el desarrollo del equipo termina convirtiéndose en el catalizador de la transformación grupal.

Referencias

Adams, M. (2022). *Cambia tus preguntas, cambia tu vida.* Editorial Reverté.

Alles, M. (2017). *Desarrollo del talento humano, basado en competencias.* Editorial Granica.

Carnegie, D. (2013). *Cómo ganar amigos e influir sobre las personas.* Penguin Random House Grupo Editorial.

Carnegie, D. (1940). *Cómo ganar amigos e influir sobre las personas.* Editorial Sudamericana

Carnegie, D. (2021). *Descúbrete como líder.* Editorial Elipse.

Carnegie, D. (2023). *Cómo ser un buen líder.* Penguin Random House Grupo Editorial.

Clear, J. (2018). *Hábitos atómicos.* Editorial Planeta.

Clifton, K., y Harter, J. (2019). *El líder.* Editorial Reverté.

Dessler, G. (2009). Administración de recursos humanos (11.ª ed.). Pearson.

Drucker, P. F. (1976). *The effective executive (El ejecutivo eficaz).* Harper y Row.

Drucker, P. F. (2012). *La administración en una época de grandes cambios.* Editorial Random House Mandadori S. A. Buenos Aires.

Drucker, P. F. (2012). *La gerencia de empresas.* Editorial Random House Mandadori S. A. Buenos Aires.

Fischman, D. (2005). *El líder transformador.* Aguilar Chilena de Ediciones S. A.

Fischman, D. (2009). *Cuando el liderazgo no es suficiente.* Aguilar Chilena de Ediciones S. A.

Fischman, D. (2014). *Motivación 360º.* Editorial Aguilar.

Gilkey, C. (2024). *Hábitos de equipo.* Editorial Aguilar.

Harvard Business Review. (2017). *Influencia y persuasión*. Editorial Reverté.

Hougaard, R., y Carter, J. (2018). *La mente del líder*. Editorial Reverté.

Ibáñez, A. (2024). *Cambia el comportamiento, cambia la cultura*. Editorial Ígneo.

ISO. (2015). *ISO 9000: Sistemas de gestión de la calidad-Fundamentos y vocabulario*. Organización Internacional de Normalización.

ISO. (2015). *ISO 9001: Requisitos para el sistema de gestión de la calidad*. Organización Internacional de Normalización.

Kinley, N., y Ben-Hur, S. (2015). *Cambiando el comportamiento de los empleados*. Editorial Reverté.

Maxwell, J. (1997). *Seamos personas de influencia*. Editorial Grupo Nelson.

Maxwell, J. (2007a). *El manual del liderazgo*. Editorial Grupo Nelson.

Maxwell, J. (2007b). *Líder de 360°*. Editorial Grupo Nelson.

Maxwell, J. (2008). *Las 17 leyes incuestionables del trabajo en equipo*. Editorial Grupo Nelson.

Maxwell, J. (2009). *Equipo 101*. Editorial Grupo Nelson.

Maxwell, J. (2011). *Las 21 leyes irrefutables del liderazgo*. Editorial Grupo Nelson.

Maxwell, J. (2012). *Actitud 101*. Editorial Grupo Nelson.

Maxwell, J. (2016). *Liderazgo: principios de oro*. Editorial San Pablo.

Maxwell, J. (2017). *Desarrolle el líder que está en usted*. Editorial San Pablo.

Maxwell, J. (2018). *21 cualidades indispensables de un líder*. Editorial San Pablo.

Maxwell, J. (2020). *La mejor inversión de un líder*. Editorial Grupo Nelson.

Schein, P. (2017). *Organizational culture and leadership* (5.ª ed.). Editorial Wiley.

Schein, E. H., y Schein, P. A. (2019). *The corporate culture survival guide* (3rd ed.). Editorial Wiley.

Sharma, R. (2024). *El líder que no tenía cargo* (1.ª ed.). Penguin Random House.

Thompson, A. A., Peteraf, M. A., y Gamble, J. E. (2007). *Administración estratégica* (18.ª ed.). McGraw-Hill.

Zenger, J., y Folkman, J. (2020). *El nuevo líder extraordinario.* Editorial Profit.

CADUCEUS

www.ingramcontent.com/pod-product-compliance
Lightning Source LLC
LaVergne TN
LVHW040430051026
849517LV00002B/535
9789564240800